Rose Collection 7
Totsuka Embroidery

1 額
解説36頁

2 額
解説別紙図案

3 時計
解説38頁

4 クッション
解説44頁

5 クッション
解説33頁

6 テーブルクロス
解説50頁

7 テーブルクロス
解説75頁・別紙図案

8 テーブルセンター
解説40頁

9 額
解説81頁

10 額

解説59頁

11 ランプシェード
解説60頁

12 額
解説56頁

13　額
解説64頁

14 トレー
解説67頁

15 クッション
解説78頁

16 クッション
解説70頁

17 スリッパ
解説74頁

18 スリッパ
解説76頁

19 バッグ
解説82頁

20 パラソル
解説84頁

 21 バッグ&
ポケットティッシュケース
解説86頁

5 クッション

口絵10頁　　**仕立て方は56頁に掲載**

●**材料**　麻地(薄茶)[10cm平方：約120×120目]　90×45cm、パンヤ用カバー木綿地(グリーン)　85×40cm、35cmのファスナー1本、2mm巾パイピング芯　140cm、パンヤ　1個(各一個分)。
ブルー　コスモ25番刺繍糸　栗色127～129・2129・131　ブルー164～166、214、412・2412、413、521～525、662・2662・663・2663・664・2664　青紫174　ローズ2222・223・2223・2224　茶2307・308・2311、384・385　グリーン318、534・535、630・631・2631・632～635、674、922～926　赤茶464　紫紺555　黄褐色572・574～576・578、773　オリーブ684～687　金茶703　灰褐色713　藍ねず981・982・983　白2500。
コスモシーズンズ刺繍糸(解説中はSEと表記)　8016、8019、8035。
スレッドワークスオーバーダイドフロス(解説中はFと表記)　103、118、1181、1232、125、132、1541、161、178。
ローズピンク　コスモ25番刺繍糸　栗色127～129・2129・131　青紫173・174　茶187、2307・308・2311、384・385　ローズ220・221・2221・222・2222・223・2223・224・2224・225　あずき色236、431～436　紫286、763・764　グリーン318、534、630・631・2631、632～635、672・674、922～926　ブルー412、522・524・525、2662・664　赤茶463・464　赤紫481～485　黄褐色572・574～576・578、773　オリーブ684～687　金茶703　灰褐色713　白2500。
コスモシーズンズ刺繍糸(解説中はSEと表記)　8016、8019、8035。
スレッドワークスオーバーダイドフロス(解説中はFと表記)　103、118、1181、1232、125、132、161。

●図案は**ブルー**を掲載しています。**ローズピンク**は図案を反転して使用します。
●**ブルー**と**ローズピンク**で刺し方が違う所は、図案を別にしましたので、それぞれの解説で刺します。それ以外の細かい所は**ブルー**の方に統一しました。
●糸番号は、**ブルー**(**ローズピンク**)の順に解説しています。(　)のないものは共通です。

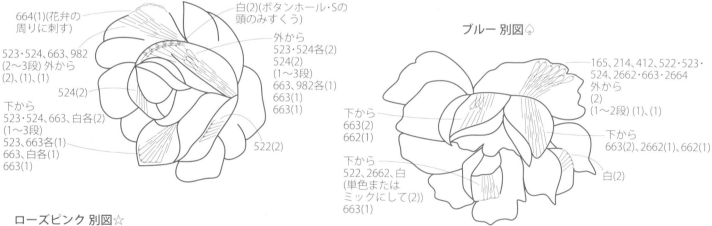

5 クッション
口絵10頁

がく・茎・葉・葉脈は、指定以外下記の糸番号と解説上の刺し方を、適当に組み合わせて刺す。
がく・葉・葉脈：127〜129、2307・308、318、384・385、464、525、534、574・575、2631・632、635、674、685、922〜926、SE8016、SE8019、SE8035、F132
(127〜129、187、2307・308、318、384・385、463・464、484・485、525、534、574・575、2631・632、635、672・674、685、764、922〜926、SE8016、SE8019、SE8035、F132)(単色またはミックスにする)
茎：128・131、2307・308、318、385、575・578、632・634

ブルーのバラ♣、♠の別図と、
ローズピンクのバラ♣、♠、☆の
別図は、33頁に掲載。

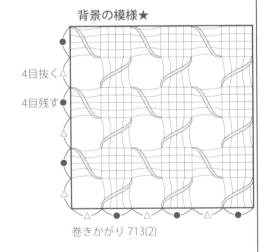

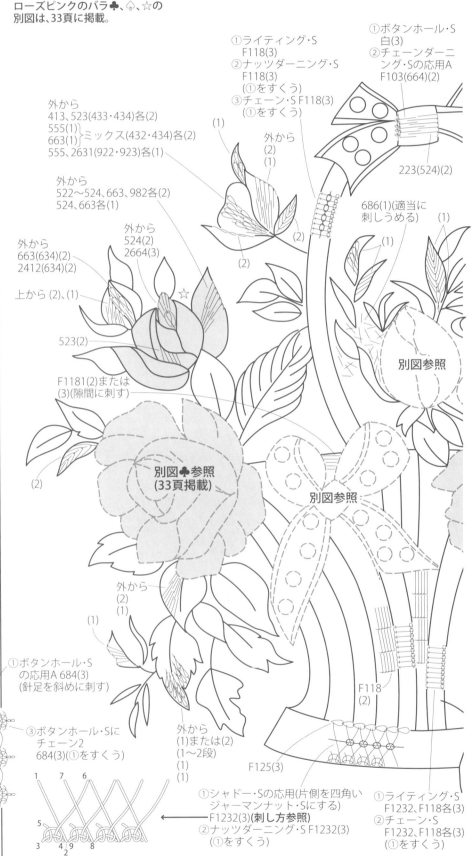

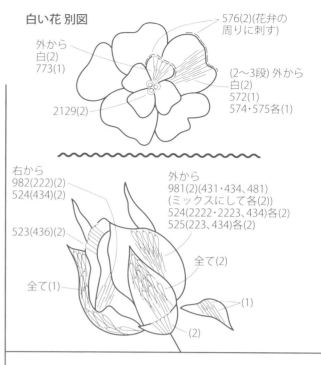
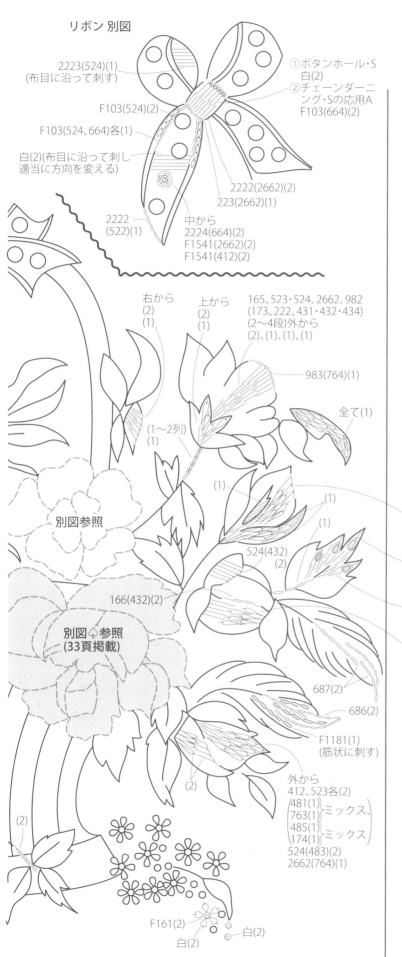

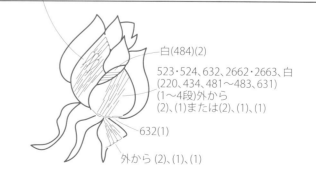

1 額
口絵2頁

バラA～Eは、指定以外下記の糸番号と解説上の刺し方を、
適当に組み合わせて単色またはミックスで刺す。
172・2172、2223、480～486、501～503・505、811、白

(2～3段)外から
632～634各(2)または(1)
662・663・664・2664、733・734各(1)

665(1)
765(1) }ミックス

バラA 花弁a：
①バック・S 483(2)
②ケーブル・S 481(2)
（①の糸をすくう）

バラA 花弁b：
①タテに糸を渡す 白(2)
②バック・S 482(2)
③フェザー・S 481・482各(2)
（②の糸をすくう）

E

上から
(2)
(2)
(1)

(2段)
上から
(2)、(1)

①バック・S
482(2)

②糸をくぐらせる
482(2)

482(2)

(3段)下から
631・632各(2)
662(1)
663(1)

(2段)下から
481(1)、白(1)
480(1)

(3段)下から
白(1)、480(1)、
481(1)

(2段)外から
2662・663・664各(1)
631・2631・632各(1)

632(1)

ケーブル・Sの応用
701・702各(2)
(刺し方♡参照)

中から
チェーンダーニング・Sの応用D.白(2)
チェーンダーニング・S 白(1)

バラB 花弁a：
①チェーン・S 482(2)
②ボタンホール・Sにチェーン1 482(2)
（①の糸をすくう）

バラB 花弁b：
①ボタンホール・Sにチェーン2 481(2)
②チェーンダーニング・Sの応用E 482(1)

バラB 花弁c：
①チェーンダーニング・Sの応用D 483(2)
②ボタンホール・S 白(2)(①の糸をすくう)
③ボタンホール・S 白(1)(②の糸をすくう)
④チェーンダーニング・S 482(2)
⑤チェーンダーニング・Sにフレンチナット・S 483(1)

3 時計
口絵6頁

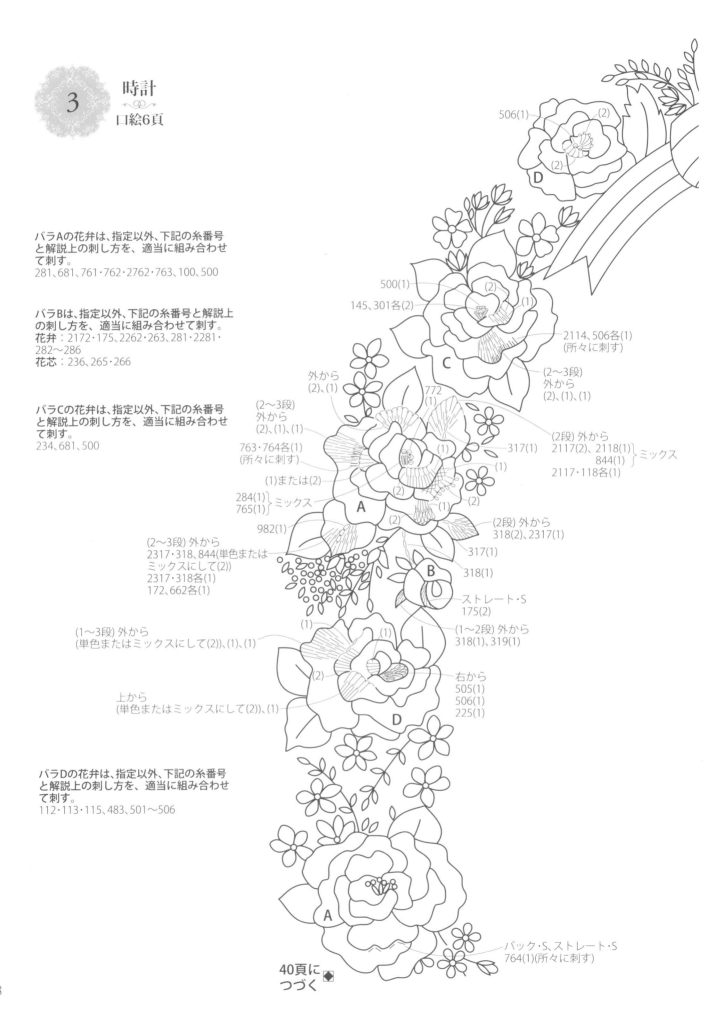

バラAの花弁は、指定以外、下記の糸番号と解説上の刺し方を、適当に組み合わせて刺す。
281、681、761・762・2762・763、100、500

バラBは、指定以外、下記の糸番号と解説上の刺し方を、適当に組み合わせて刺す。
花弁：2172・175、2262・263、281・2281・282〜286
花芯：236、265・266

バラCの花弁は、指定以外、下記の糸番号と解説上の刺し方を、適当に組み合わせて刺す。
234、681、500

バラDの花弁は、指定以外、下記の糸番号と解説上の刺し方を、適当に組み合わせて刺す。
112・113・115、483、501〜506

40頁につづく

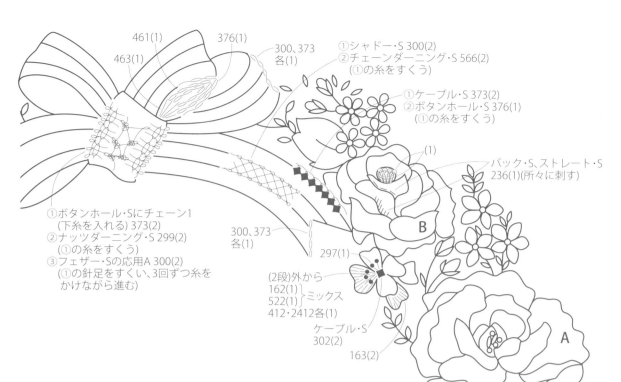

①ボタンホール・Sにチェーン1
 (下糸を入れる) 373(2)
②ナッツダーニング・S 299(2)
 (①の糸をすくう)
③フェザー・Sの応用A 300(2)
 (①の針足をすくい、3回ずつ糸を
 かけながら進む)

- **材料** コスモ300番クラッシー地(20フラックス) 40×50cm [刺しゅう面：29×38cm]。
コスモ25番刺繍糸　ピンク102・103・106、112〜114・2114・115　グリーン2117・118・2118、270、317・2317・318、319、324、325　黄141〜143・145、297、299〜302　ブルー162・163、412・2412、522、662　青紫172・2172・175　ローズ221・224・225　あずき色234〜236　紫2262・263、265、266、281・2281、282〜286、761・762・2762・763〜765　浅葱373・376　茶384・385　オレンジ404　赤茶461・463　赤紫483　ピンクローズ501〜506　トルコブルー566　オリーブ681・684・685　金茶700・701・702・2702　朱750・751・753・754　黄褐色772　ブルーグリーン844　藍ねず982　白100、500。
スレッドワークスオーバーダイドフロス(解説中はFと表記)　132、140。

- 加工は専門店に依頼します。

中央

38頁のつづき

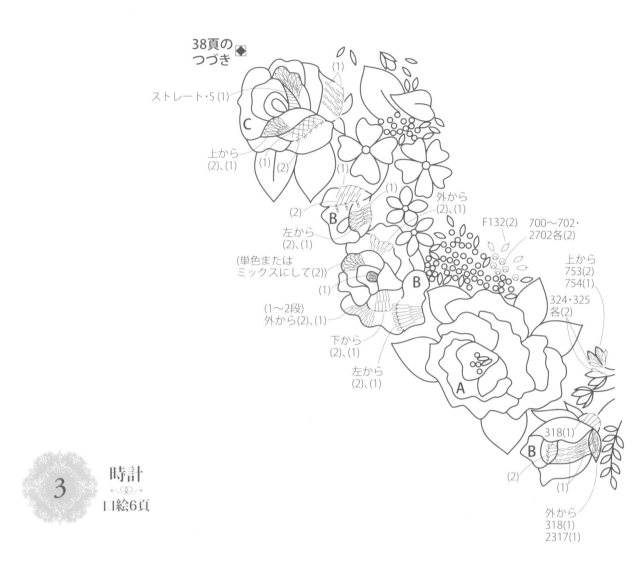

- ストレート・S(1)
- 上から(2)、(1)
- (1)
- (2)
- (1)
- (2)
- (1)
- 左から(2)、(1)
- (単色またはミックスにして(2))
- (1)
- (1～2段)外から(2)、(1)
- 下から(2)、(1)
- 左から(2)、(1)
- (1)
- F132(2)
- 700～702・2702各(2)
- 上から753(2) 754(1)
- 324・325各(2)
- 318(1)
- (2)
- (1)
- 外から318(1) 2317(1)

3 時計
口絵6頁

---

8 テーブルセンター
口絵16頁

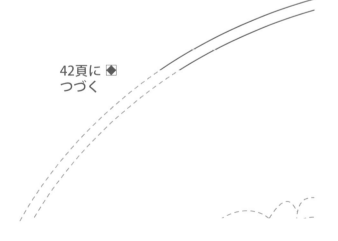

42頁につづく

- ●材料　コスモ300番クラッシー地(11白)　60×60cm。
  コスモ25番刺繍糸　ピンク101～105、2111・112　グリーン317、333・334　ブルーグレー731～733　ブルーグリーン842・843　白2500。
  コスモシーズンズ刺繍糸(解説中はSEと表記)　8004、8005。
  スレッドワークスオーバーダイドフロス(解説中はFと表記)　1791。
- ●紙面の都合上、図案の一部を掲載しています。写真参照の上、図案をくり返して完成させます。
- ●刺し終えたら、糸を切らぬように□の部分や周りの布をカットします。

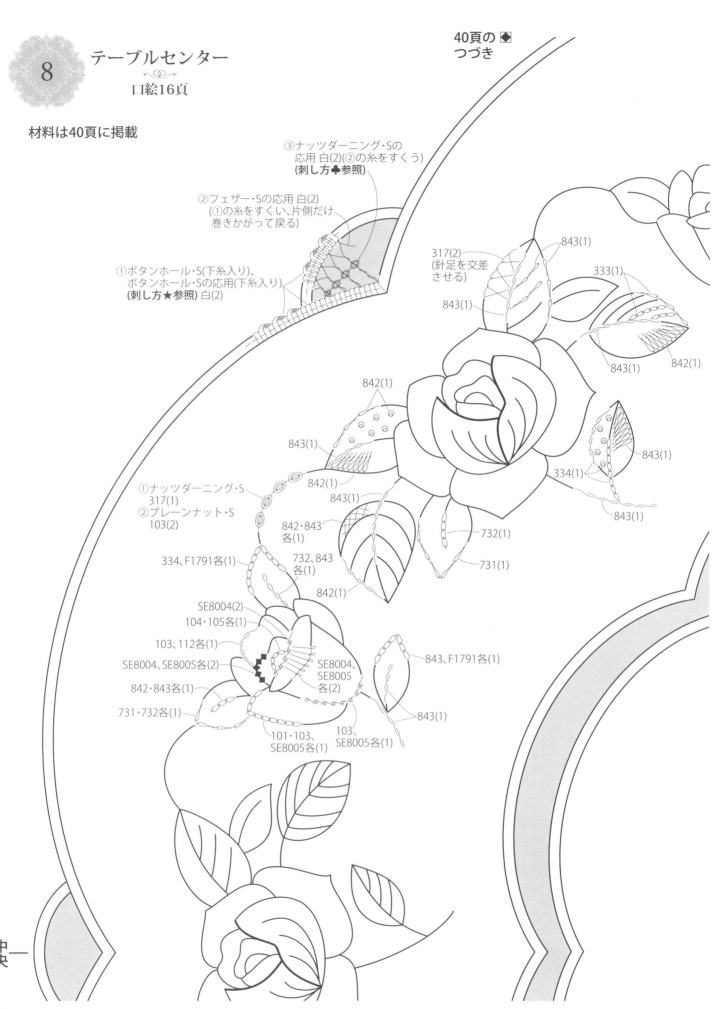

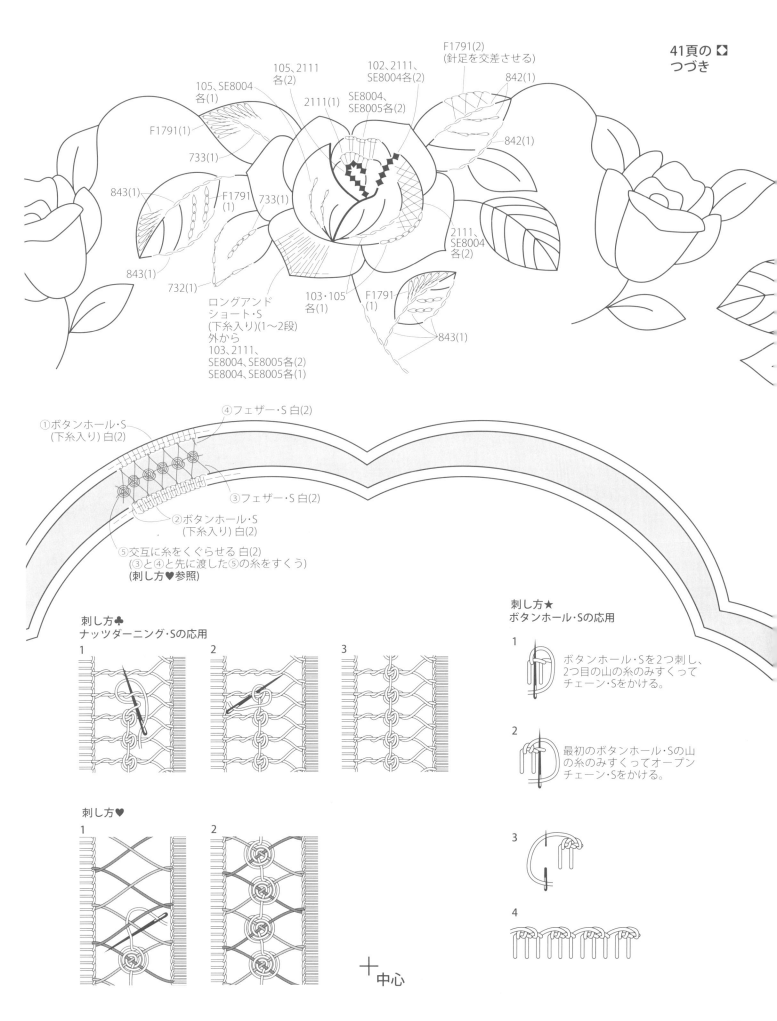

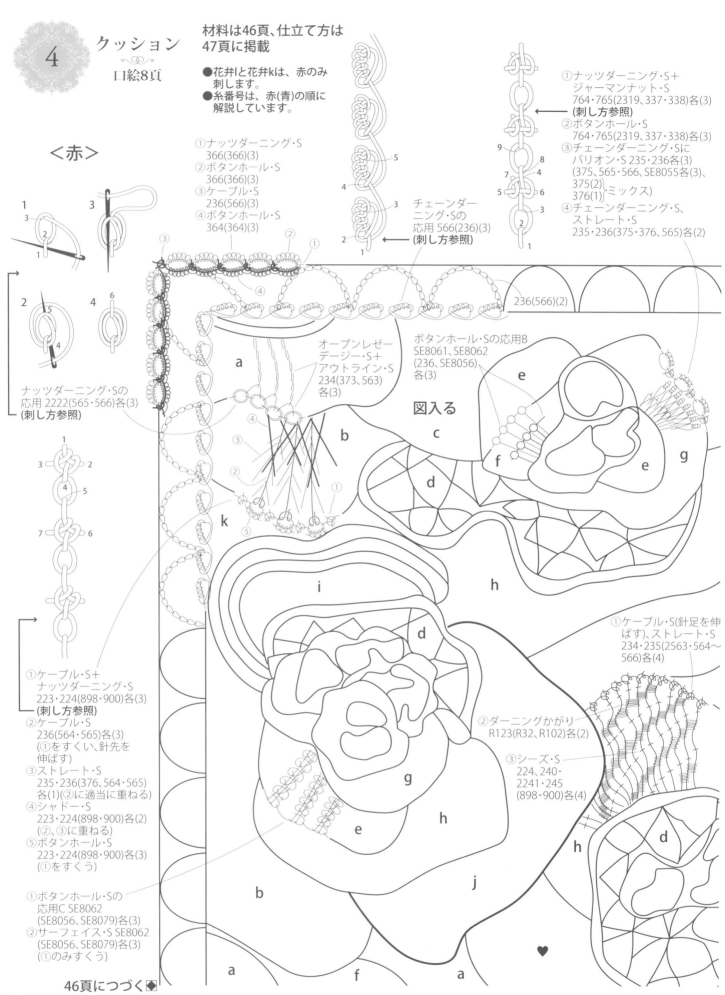

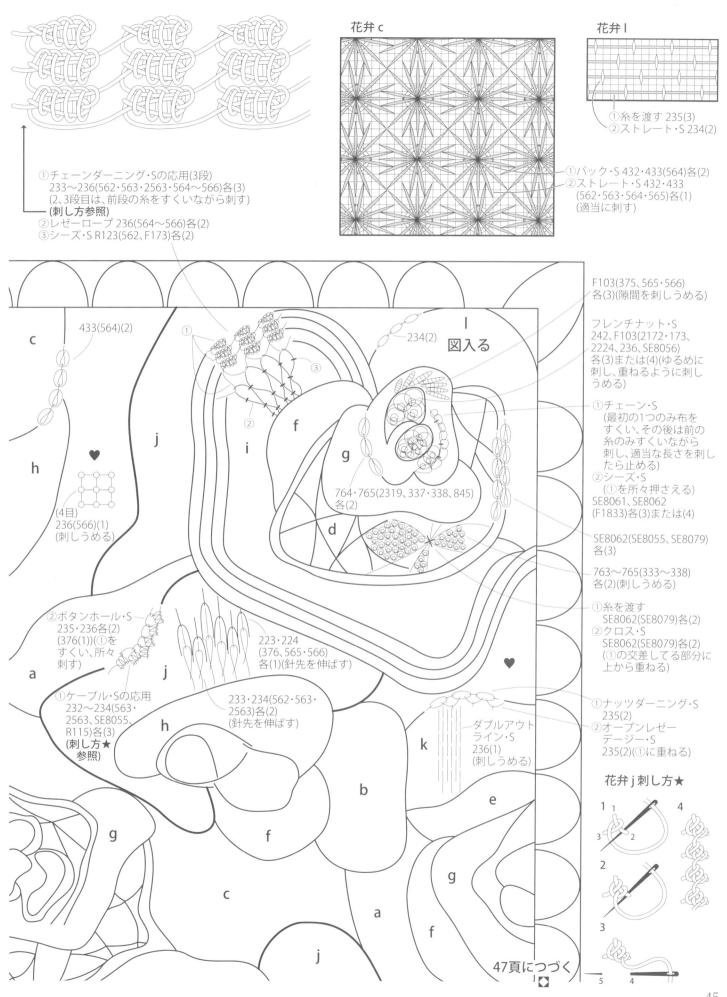

44頁のつづき◆

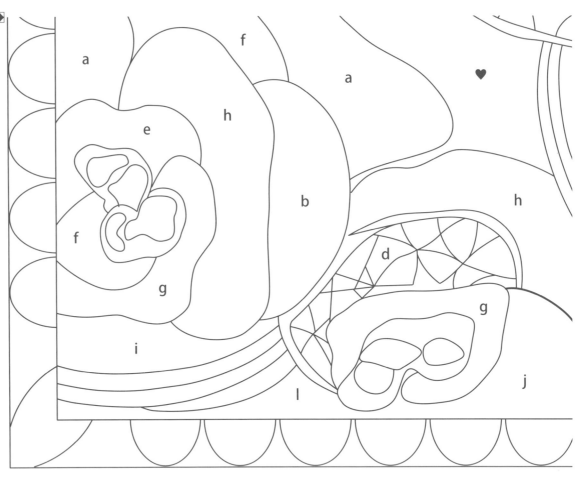

 クッション
口絵8頁

● **材料** ツヴァイガルト3604ダブリン(52ライトナチュラル)
[10cm平方：約100×100目] 100×50cm、40cmのファスナー
1本、パンヤ 1個(各一個分)。
赤 コスモ25番刺繍糸 ローズ2222・223・224 あずき色
232〜236、432・433 えんじ240・2241・242・245 灰褐
色364・366 トルコブルー566 紫763〜765。
コスモシーズンズ刺繍糸(解説中はSEと表記) 8061、8062。
スレッドワークスオーバーダイドフロス(解説中はFと表記)
103。
ブラボーレインボー刺繍糸(解説中はRと表記) 123。
青 コスモ25番刺繍糸 青紫2172・173 ローズ2224 あずき

色236 グリーン2319、333〜338 灰褐色364・366 浅葱
373・375・376 トルコブルー562・563・2563・564〜566
ブルーグリーン845、898・900。
コスモシーズンズ刺繍糸(解説中はSEと表記) 8055、8056、
8079。
スレッドワークスオーバーダイドフロス(解説中はFと表記)
173、1833。
ブラボーレインボー刺繍糸(解説中はRと表記) 32、102、
115。

● 糸番号は、**赤(青)**の順に解説しています。

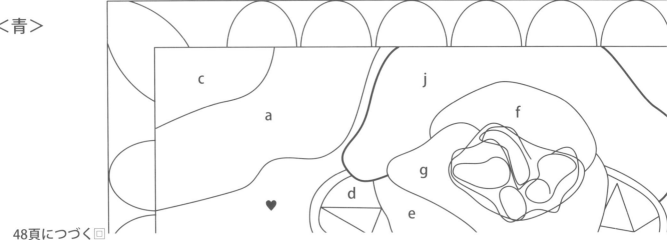

48頁につづく□

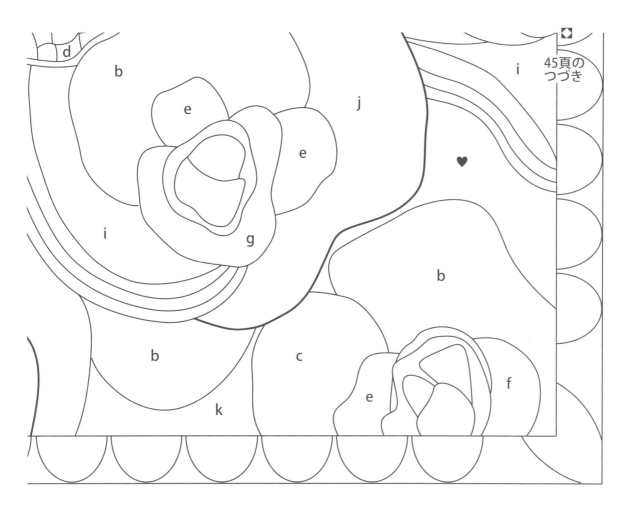

仕立て方　単位：cm(縫い代を付けて裁つ)

①刺しゅう布に刺しゅうする。
②裏面をファスナー付け位置まで縫い合わせる。
③ファスナーを付ける。
④周りを1周縫い、表に返す。

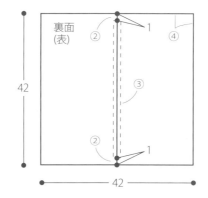

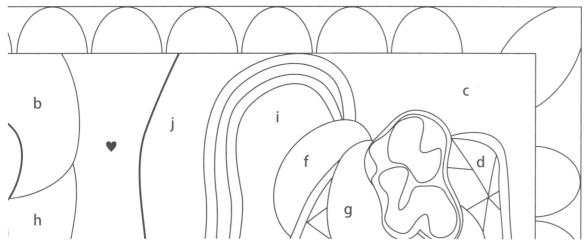

◇47頁のつづき

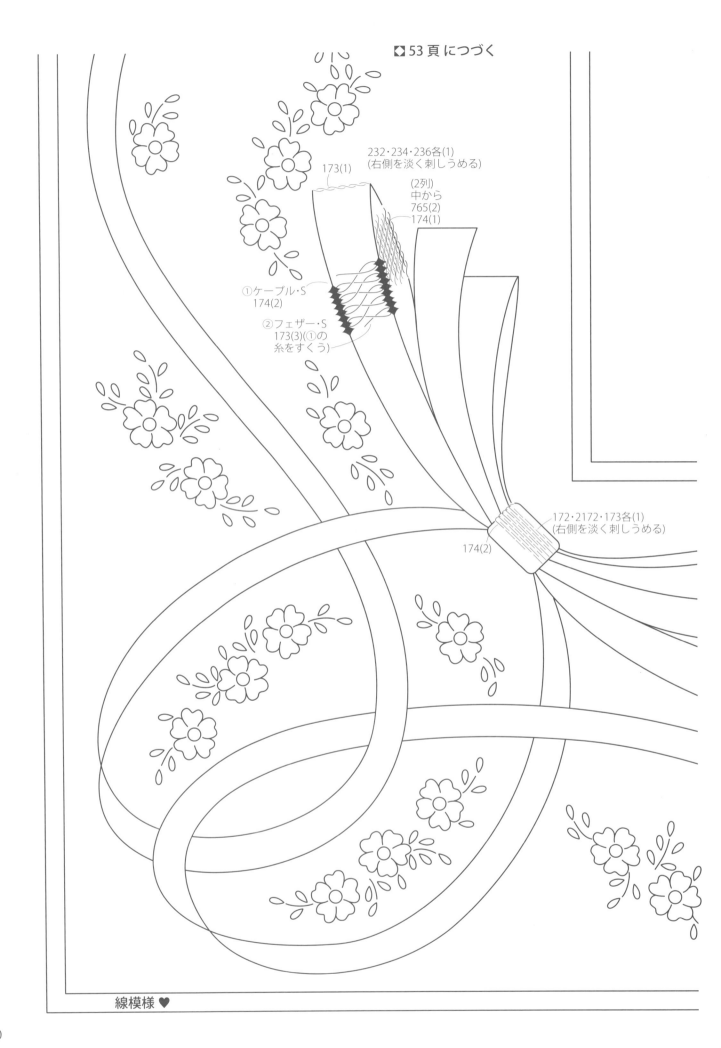

6 テーブルクロス
口絵12頁

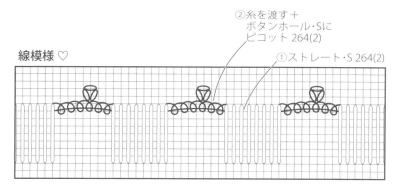

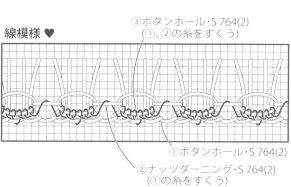

- ●材料　麻地(紫)[10cm平方：約176×176目]　105×105cm。コスモ25番刺繍糸　ピンク101・103、2111　グリーン116、315・317・318、333、533・2533、534、535、671・672、820・822、921〜926　ブルー163・164、2662・663・2663・664・2664　青紫171・172・2172・173〜175　ローズ221・223・2223・224・225　あずき色232〜236　紫264、281・2281、283〜286、761・762・763・765　灰褐色367　茶383〜385　赤紫480〜483　紫紺552・554〜556　トルコブルー565　オリーブ681〜685　グレー891〜894　藍ねず981・2981　白100、500。
- ●紙面の都合上、図案の一部を掲載しています。写真・配置図参照の上、図案をくり返して完成させます。
- ●刺す順序は、写真・配置図参照の上、まず**線模様♥**、**線模様♡**の位置を決め、次に**リボンと小花の図案**、**花の図案(1)〜(4)**を適当に配置します。**スミレa**、**スミレb**は適当に散らして配置します。

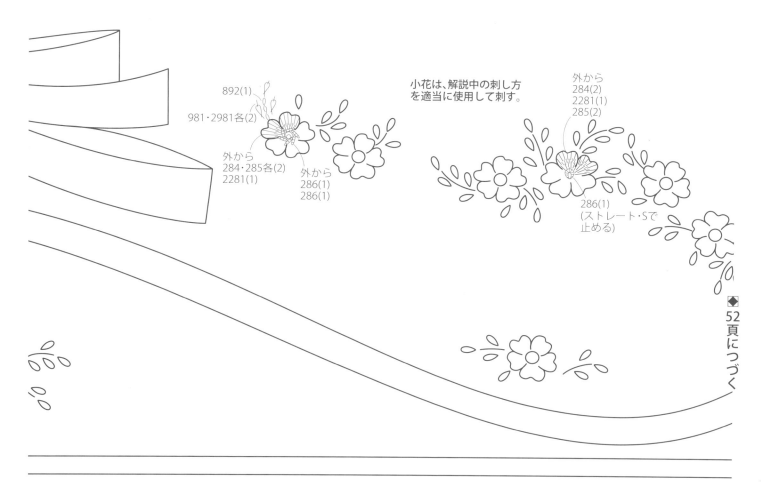

52頁につづく

51

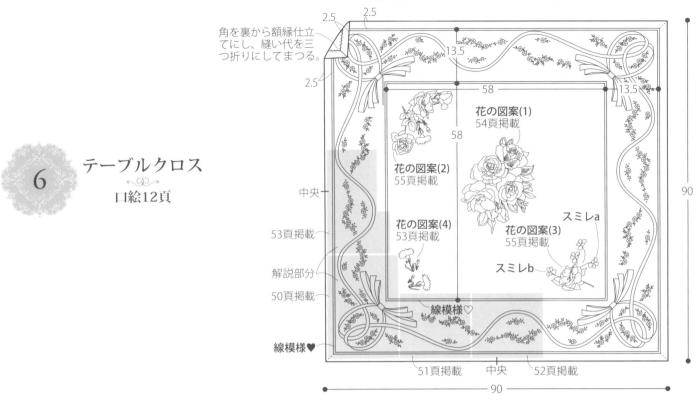

6 テーブルクロス
口絵12頁

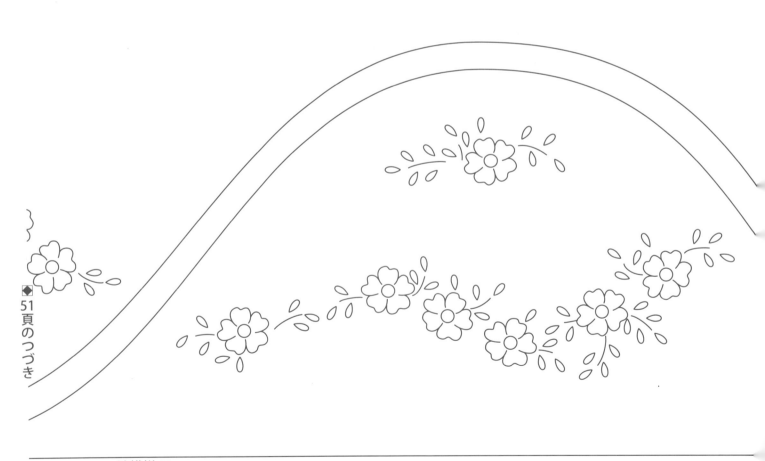

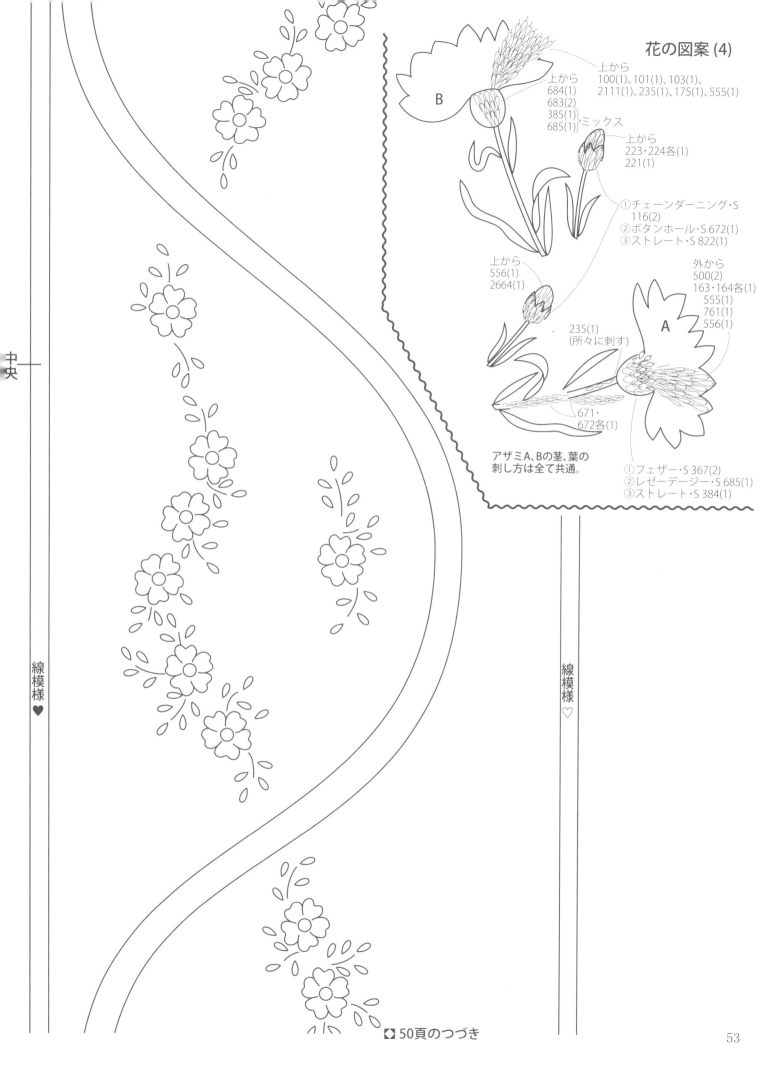

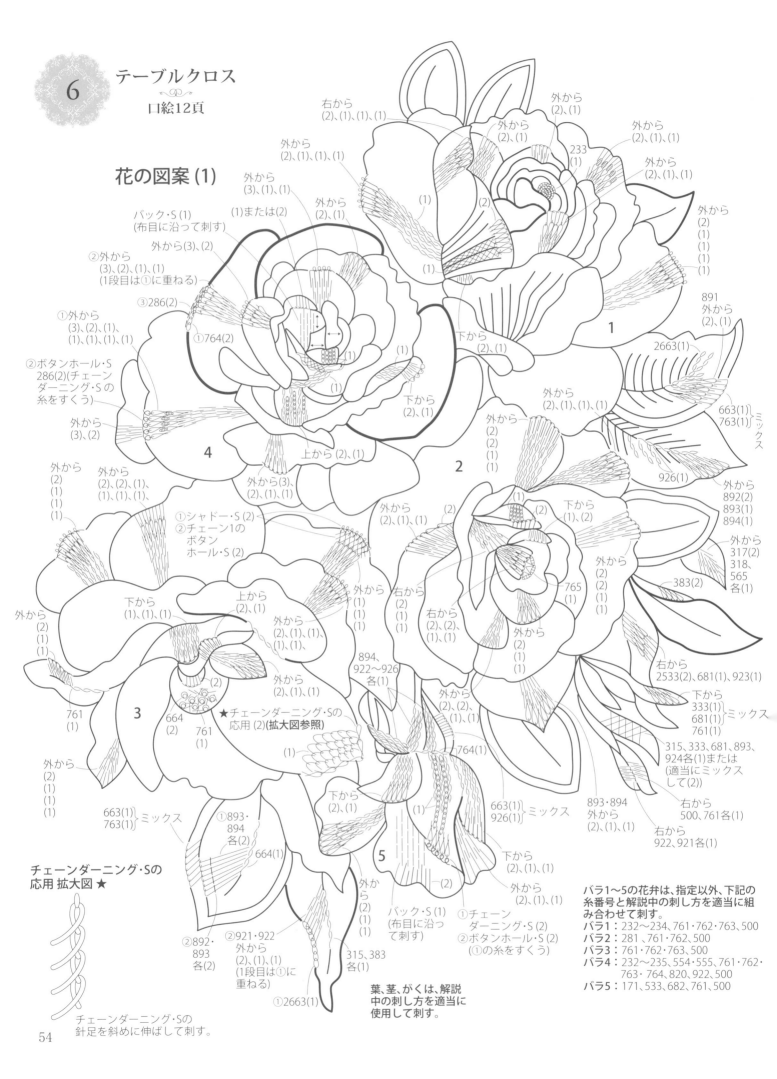

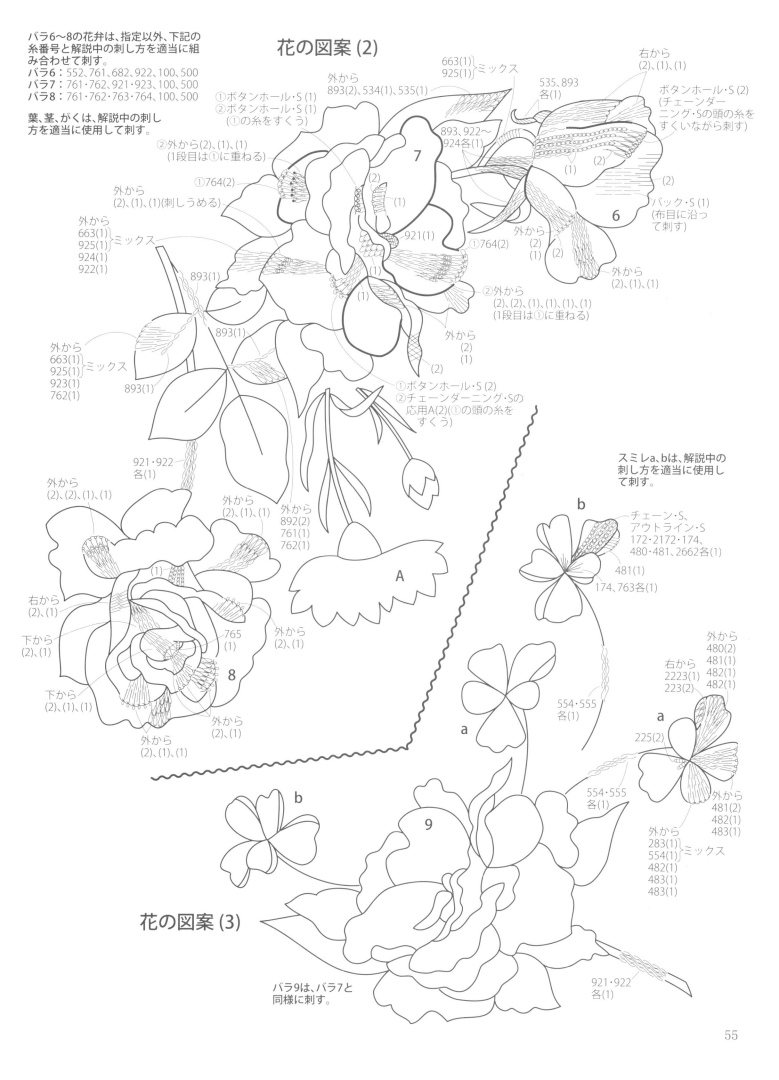

5 クッション　材料、解説は33頁に掲載
口絵10頁

裁ち方図　単位：cm（縫い代を付けて裁つ）

パイピング用布：刺しゅう布 2枚
（長辺は縫い代を含む）

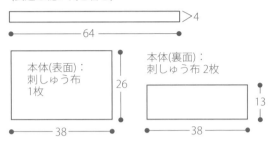

仕立て方
①刺しゅう布に刺しゅうする。
②裏面をファスナー付け位置まで縫い合わせる。
③ファスナーを付ける。
④本体と同布のパイピング用布を2枚はぎ合わせ、1枚にする。それを2つに折り、パイピング芯を挟んでミシンをかけ、パイピングコードを作る（**別図参照**）。
⑤①と③を中表にして、④を挟んで、周りを1周縫う。

※パンヤ用カバーは、クッションと同寸に布を裁ち、パンヤを入れる口を残して四方を中表に合わせ、表に返してパンヤを入れ、入れ口をかがる。

出来上がり図　単位：cm

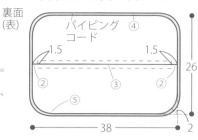

12 額
口絵20頁

材料は58頁に掲載

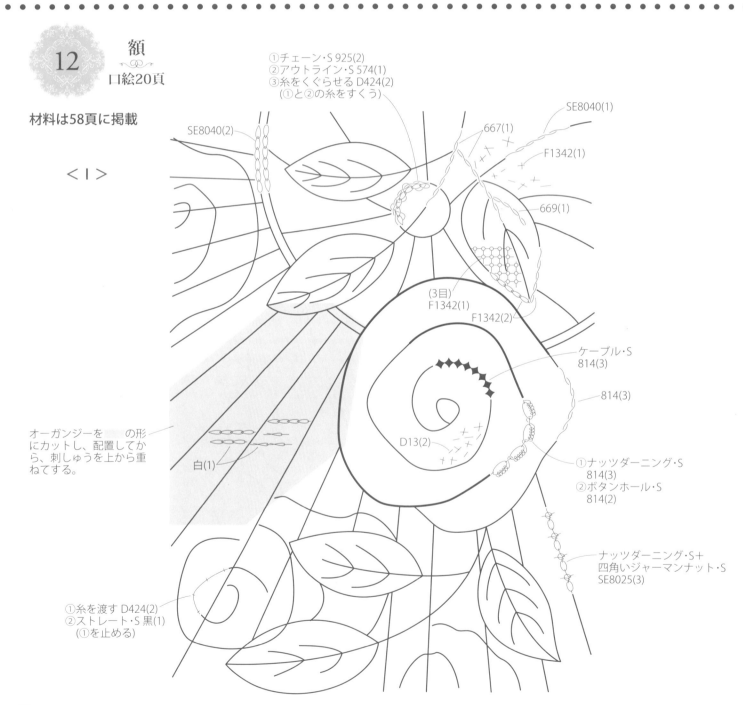

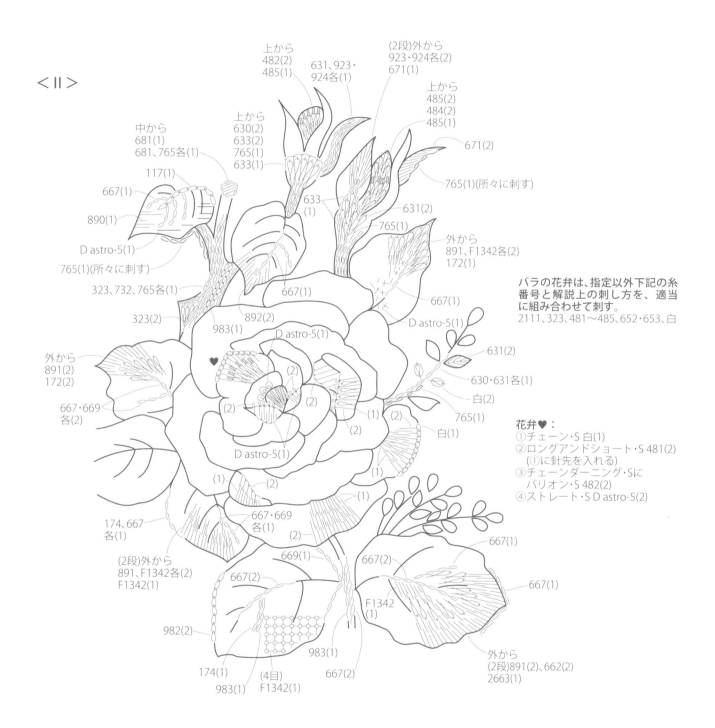

12 額
口絵20頁

● **材料** 麻地(グレー) 15×20cm(1点分) [刺しゅう面：10×14cm、額の内径：18.5×56.5cm]、オーガンジー(ブルー) 10×10cm。
  I コスモ25番刺繍糸 黄褐色574 ブルー667・669 ローズ814 グリーン925 白500 黒600。
  コスモシーズンズ刺繍糸(解説中はSEと表記) 8025、8040。
  スレッドワークスオーバーダイドフロス(解説中はFと表記) 1342。
  マディララメ糸(Art.No.9842)(解説中はDと表記) 13、424。
  II コスモ25番刺繍糸 ピンク2111 グリーン117、323、630・631・633、671、923・924 青紫172・174 赤紫481〜485 ワイン652・653 ブルー662・2663・667・669 オリーブ681 ブルーグレー732 紫765 グレー890〜892 藍ねず982・983 白500。
  スレッドワークスオーバーダイドフロス(解説中はFと表記) 1342。
  マディララメ糸(Art.No.9842)(解説中はDと表記) astro-5。
  III コスモ25番刺繍糸 ブルー667 ローズ814。
  スレッドワークスオーバーダイドフロス(解説中はFと表記) 1342。
  マディララメ糸(Art.No.9842)(解説中はDと表記) astro-5。

● 作品は、仕上がりよりも多少多めに刺すようにします。
● 加工は専門店に依頼します。

<III>

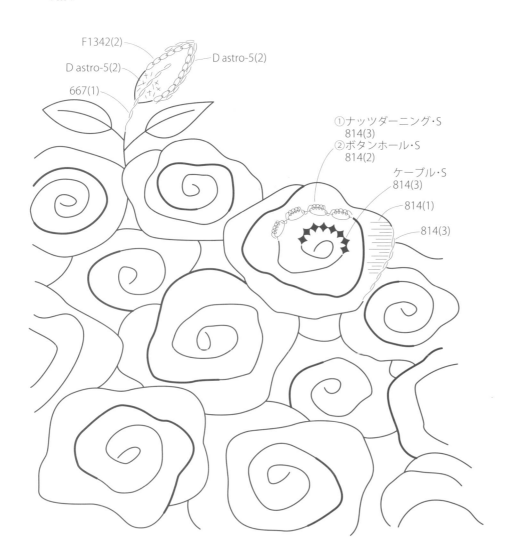
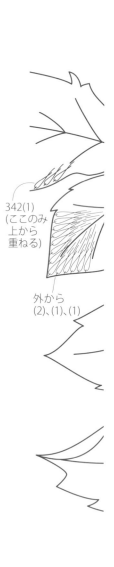

10 額
口絵18頁

- ●材料 麻地(ピンク) 30×30cm [刺しゅう面：20×20cm]。
  コスモ25番刺繍糸 ピンク111・2111、351、837・838 グリーン116、2317・318、323、533・534・535・2535、822～824、922～925 赤341・2341・342・343・345 あずき色431～433 赤紫482～485 ピンクローズ502 オリーブ681～685 ブルーグレー732・733。
- ●加工は専門店に依頼します。

バラは、指定以外下記の糸番号と解説上の刺し方を、適当に組み合わせて単色またはミックスで刺す。
花弁：111・2111、341・2341・342・343・345、351、431～433、482～485、502、837・838
葉、茎、がく：116、2317・318、323、341・2341・342・343、533・534・535・2535、681～685、732・733、822～824、922～925

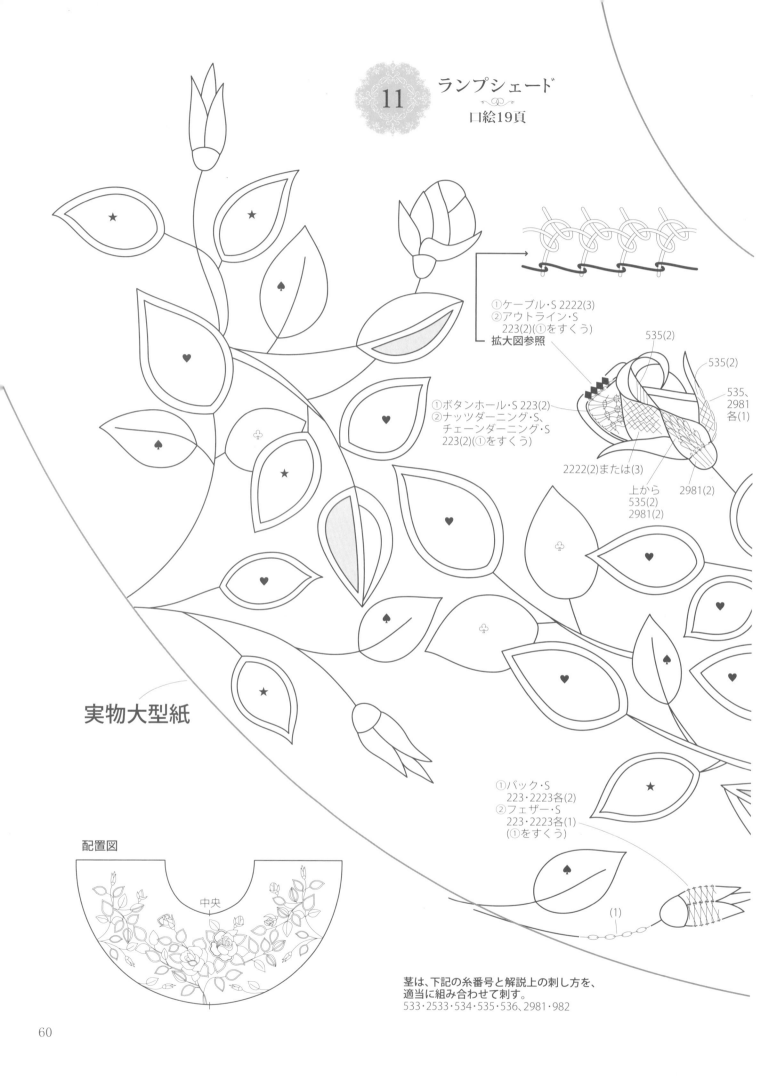

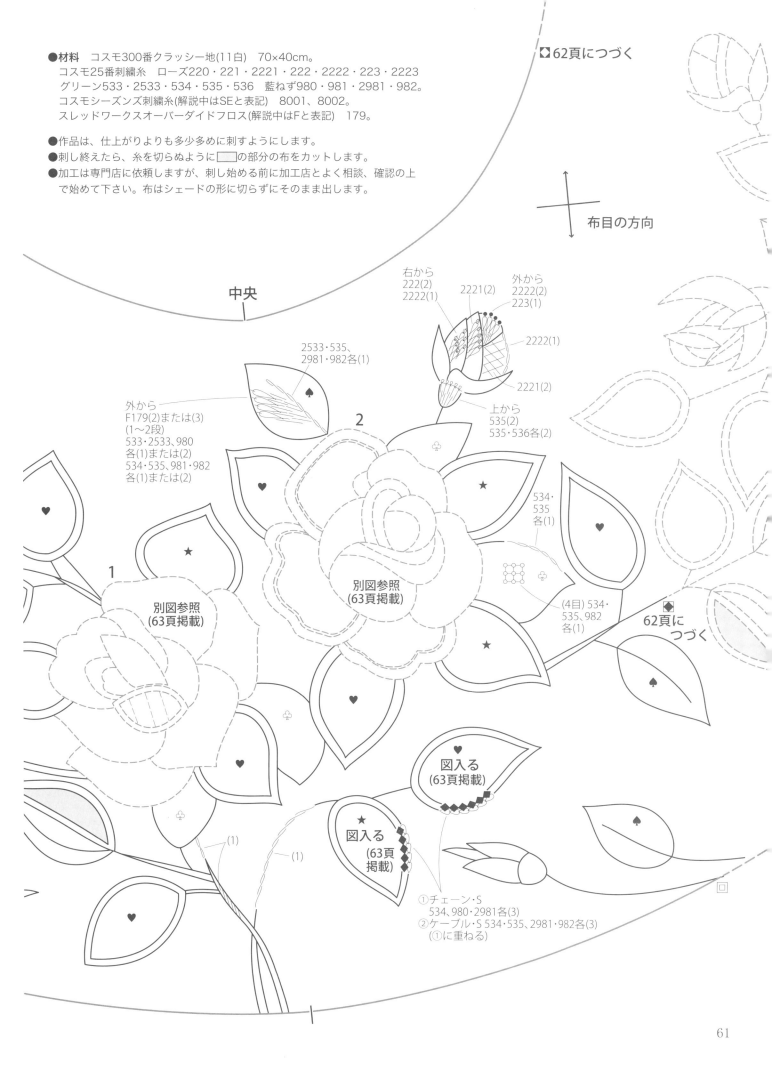

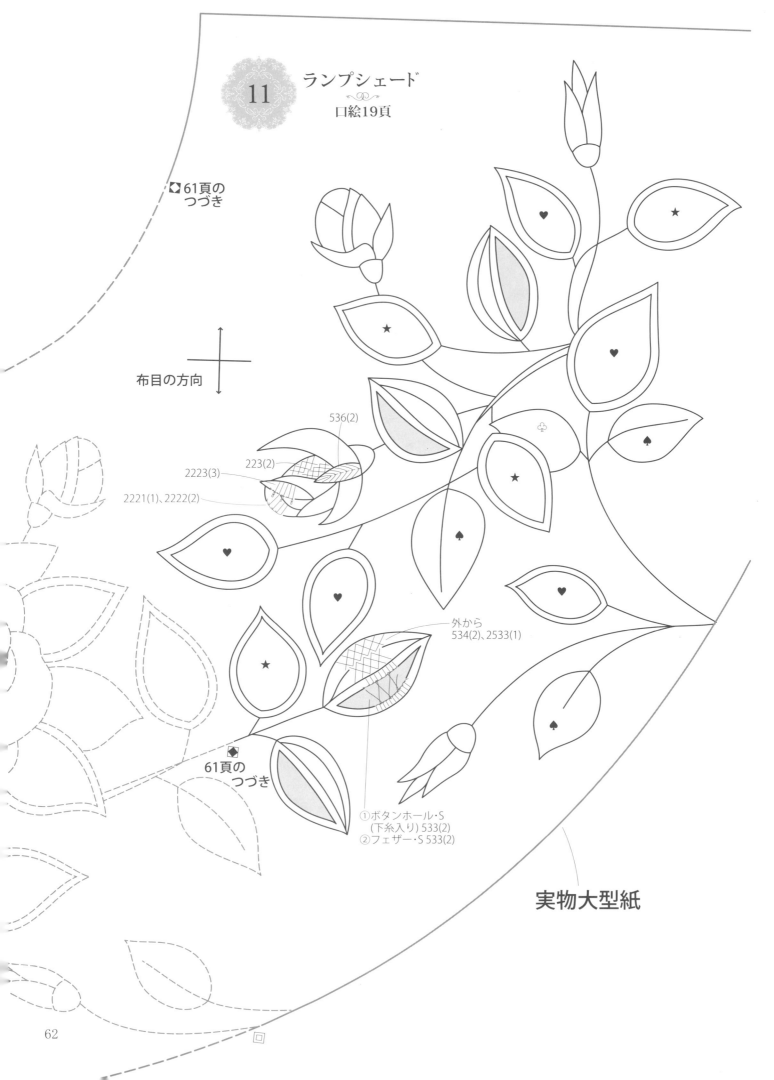

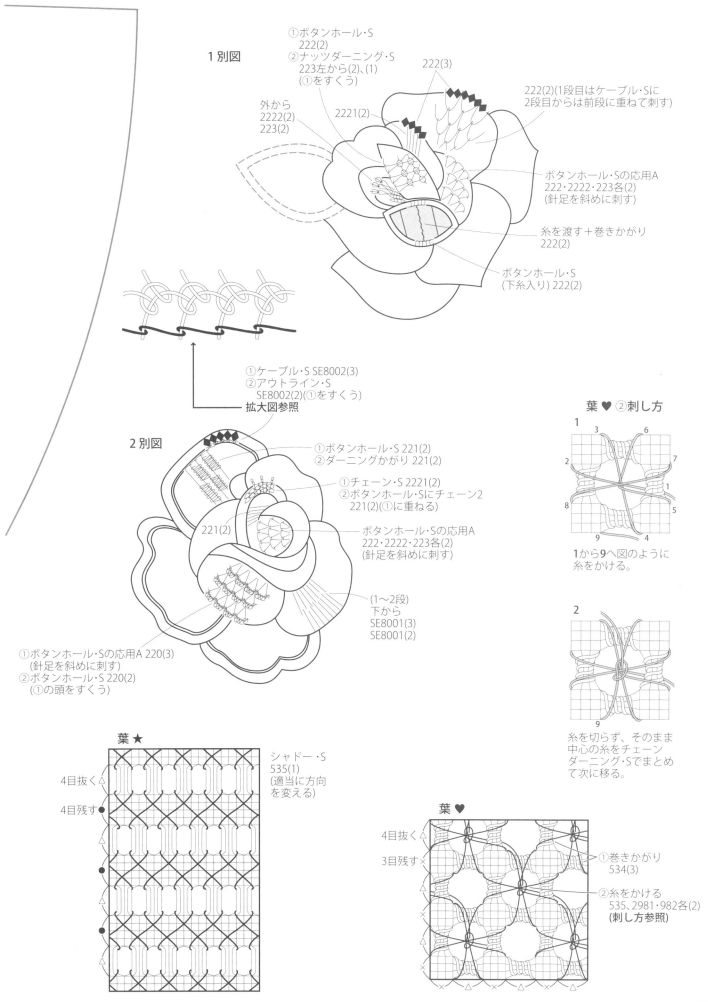

13 額
口絵22頁

- **材料** コスモ8000番オックスフォード地(1黒) 35×35cm、ツヴァイガルト3609ベルファスト(674グリーン)[10cm平方:約126×126目] 60×60cm、2.5cm巾リネンテープ(生成)[1cm平方:約10×10目] 250cm、オーガンジー(白) 50×10cm、オーガンジー(グリーン) 90×10cm、8cm巾オーガンジーリボン(淡グリーン) 240cm、キルターズシークレット 90×20cm、キルト芯 25×25cm、8×4mmの小判形ラインストーン(透明赤) 2個、丸小ビーズ(赤) 適量。コスモ25番刺繍糸 ピンク104・106 えんじ240・2240・241・2241・242・245 グリーン323、534・535・536 ブルー410〜412 ブルーグレー733〜735 白2500。コスモシーズンズ刺繍糸(解説中はSEと表記) 8022、8056、8057。コスモラメ糸(No.75)(解説中はKと表記) 1。
- 刺しゅうを始める前に、刺し方の順序を参照して下さい。
- 加工は専門店に依頼します。

配置図 単位:cm

作り方の順序
1. 土台の布、中央のバラ等、全てのパーツを作る。
2. 中央のバラに葉のパーツを付ける。
   写真や配置図を参照の上、中央のバラの裏に葉(刺しゅう)のパーツと葉(オーガンジーリボン)のパーツを交互に並べ、縫い付ける。
3. 土台の布に❷をセットする。
   写真や配置図を参照の上、土台の布に❷と❸をバランス良く重ね、所々縫い止めて固定する。
4. リボンに小花のパーツを付ける。
   写真や配置図を参照の上、リボンに小花のパーツをバランス良く縫い付ける。
5. 額装を専門店に依頼する。

●土台の布を作る　使用布:ベルファスト(グリーン)

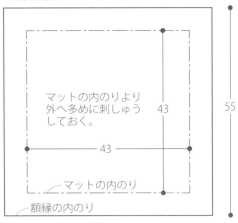

●中央のバラを作る　使用布:オックスフォード地(黒)

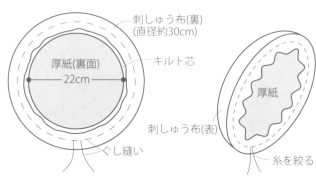

作り方
1. 刺しゅう布に刺しゅうする。
2. ❶を厚紙の大きさに縫い代をつけてカットし、周囲をぐし縫いする。
3. キルト芯を厚紙の大きさに合わせてカットし、手芸用ボンドなどで貼り、厚みを持たせる。
4. ❷を❸にかぶせてぐし縫いを絞る。

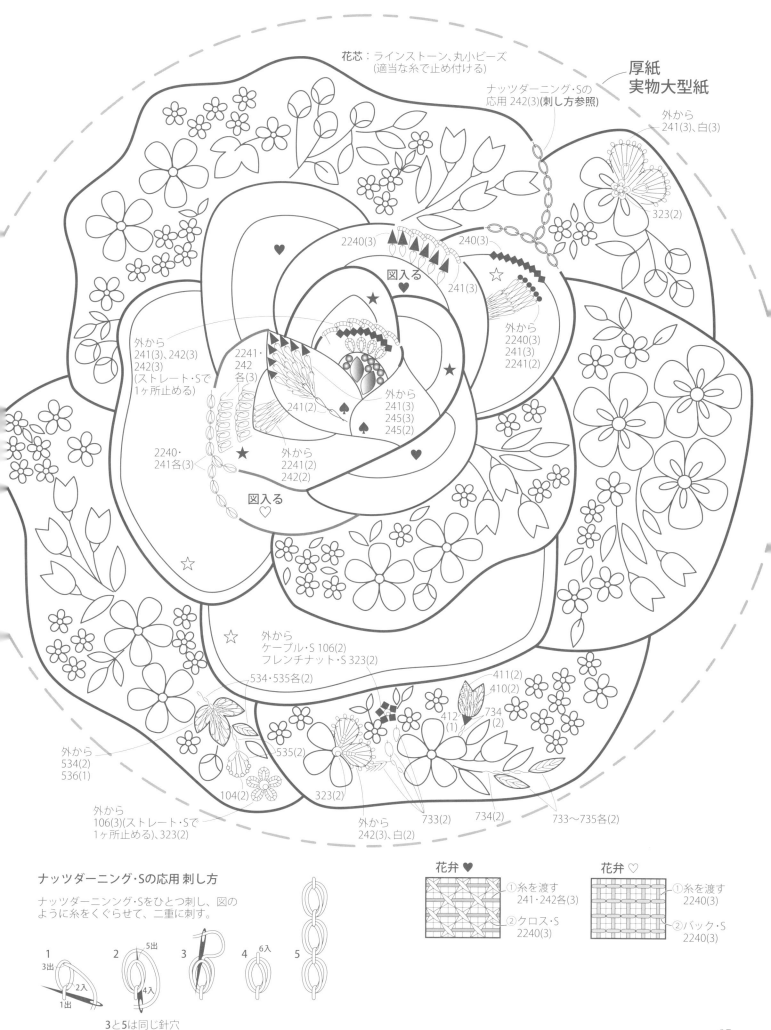

13 額
口絵22頁

● 小花のパーツを作る
使用布：オーガンジー(白)、キルターズシークレット

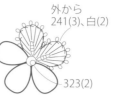

外から 241(3)、白(2)
323(2)
18〜20個作る

作り方
❶キルターズシークレットに図案を写す。
❷❶をオーガンジー(白)に重ねて仮止めし、動かないようにする。
❸刺しゅうをする。
❹刺し終えたらキルターズシークレットを下にして水につけて溶かし、乾かす。乾いたら周りのオーガンジーを、糸を切らないようにカットする。

● 葉(刺しゅう)のパーツを作る
使用布：オーガンジー(グリーン)、キルターズシークレット

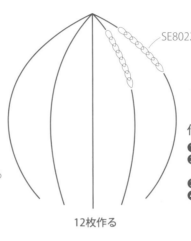

SE8022(3)
12枚作る

作り方
❶キルターズシークレットに図案を写す。
❷❶をオーガンジー(グリーン)に重ねて仮止めし、動かないようにする。
❸刺しゅうをする。
❹刺し終えたらキルターズシークレットを下にして水につけて溶かし、乾かす。乾いたら周りのオーガンジーを、糸を切らないようにカットする。

● 葉(オーガンジーリボン)のパーツを作る
使用布：オーガンジーリボン(淡グリーン)

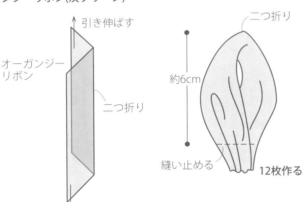

作り方
❶8cm巾オーガンジーリボンを長さ20cm程にカットし、対角を引き伸ばしながらタテ二つに折る。
❷❶をさらにヨコ二つ折りにして形を整えながら縫い止める。

12枚作る

● リボンを作る
使用布：リネンテープ(生成)

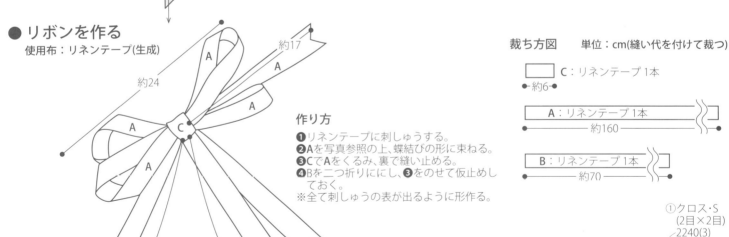

作り方
❶リネンテープに刺しゅうする。
❷Aを写真参照の上、蝶結びの形に束ねる。
❸CでAをくるみ、裏で縫い止める。
❹Bを二つ折りにし、❸をのせて仮止めしておく。
※全て刺しゅうの表が出るように形作る。

裁ち方図　単位：cm(縫い代を付けて裁つ)

C：リネンテープ 1本　約6
A：リネンテープ 1本　約160
B：リネンテープ 1本　約70

①クロス・S(2目×2目) 2240(3)
②下糸入り 2240(3)
③2240(3)
リネンテープ

刺し終えたら、糸を切らぬように布をカットする。

Cは①のみ刺す。

14 トレー
口絵24頁

- **材料** ツヴァイガルト3835ルガナ(100白)[10cm平方：約100×100目] 50×35cm [刺しゅう面：約33.5×20.5cm]。
  コスモ25番刺繍糸 黄140〜142 えんじ2241・245 グリーン317・2317・318・2319・320、533・2533・534・535・536・2536・537、630、922〜926 赤340・341・343・344〜346、800 グレー474・476 金茶701 朱757 黄褐色773 赤茶851〜855・857・858。
  コスモシーズンズ刺繍糸(解説中はSEと表記) 8016、8023、8024、8050、8054。
  スレッドワークスオーバーダイドフロス(解説中はFと表記) 1251、1351、139、1411、142、1551、179。
  マディララメ糸(Art.No.9842)(解説中はDと表記) 280、302、490。
- 作品は、仕上がりよりも多少多めに刺すようにします。
- 加工は専門店に依頼します。

地模様※

バック・S F1351(2)

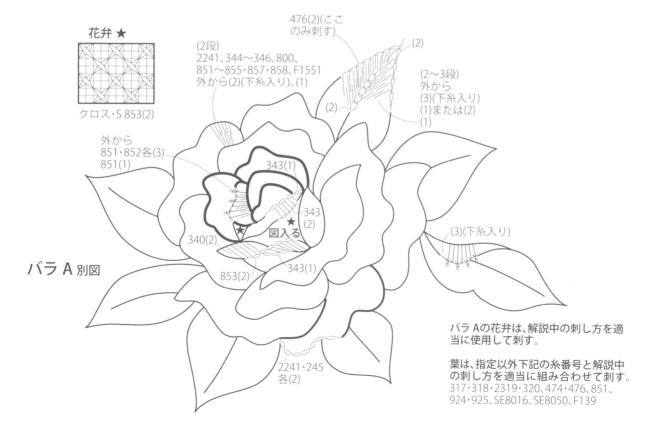

花弁 ★
クロス・S 853(2)

476(2)(ここのみ刺す)
(2段)
2241、344〜346、800、851〜855・857・858、F1551
外から(2)(下糸入り)、(1)
(2)
(2〜3段)
外から
(3)(下糸入り)
(1)または(2)
(2)
(1)
外から
851・852各(3)
851(1)
343(1)
343(2)
図入る
340(2)
853(2)
343(1)
(3)(下糸入り)

バラ A 別図

2241・245各(2)

バラAの花弁は、解説中の刺し方を適当に使用して刺す。

葉は、指定以外下記の糸番号と解説中の刺し方を適当に組み合わせて刺す。
317・318・2319・320、474・476、851、924・925、SE8016、SE8050、F139

14 トレー
口絵24頁

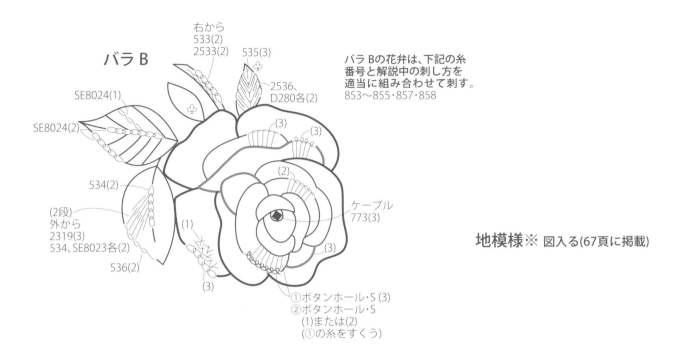

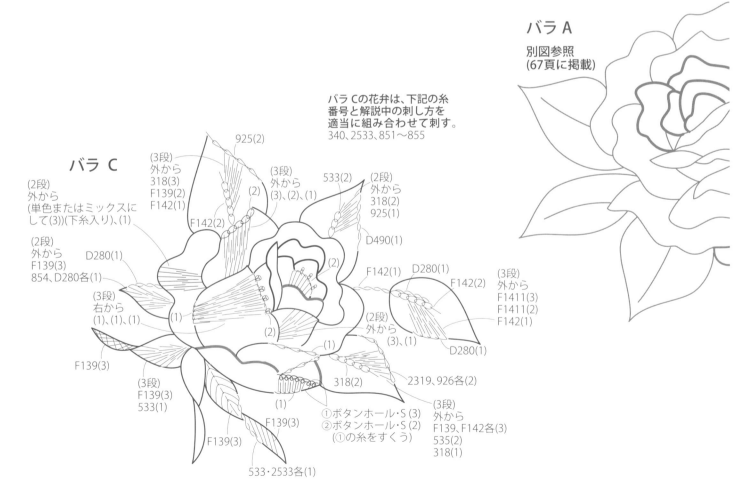

16 クッション
口絵26頁

●**材料** 麻地(生成) 110×50cm、接着芯 50×50cm、40cmのファスナー 1本、2.5cm巾レース(薄茶) 190cm、パンヤ 1個。
コスモ25番刺繍糸 黄140、297・298・300 茶188、310・311 ローズ2222・223・224・2224、811〜816 えんじ240・241・2241・242・245 グリーン318、534・2535・536・2536、925・926 あずき色432〜436 赤茶464・465 グレー477 ブルー665 ブルーグリーン845 藍ねず984 白2500。
コスモシーズンズ刺繍糸(解説中はSEと表記) 8014、8025、8031、8039、8040、8049。

72頁につづく

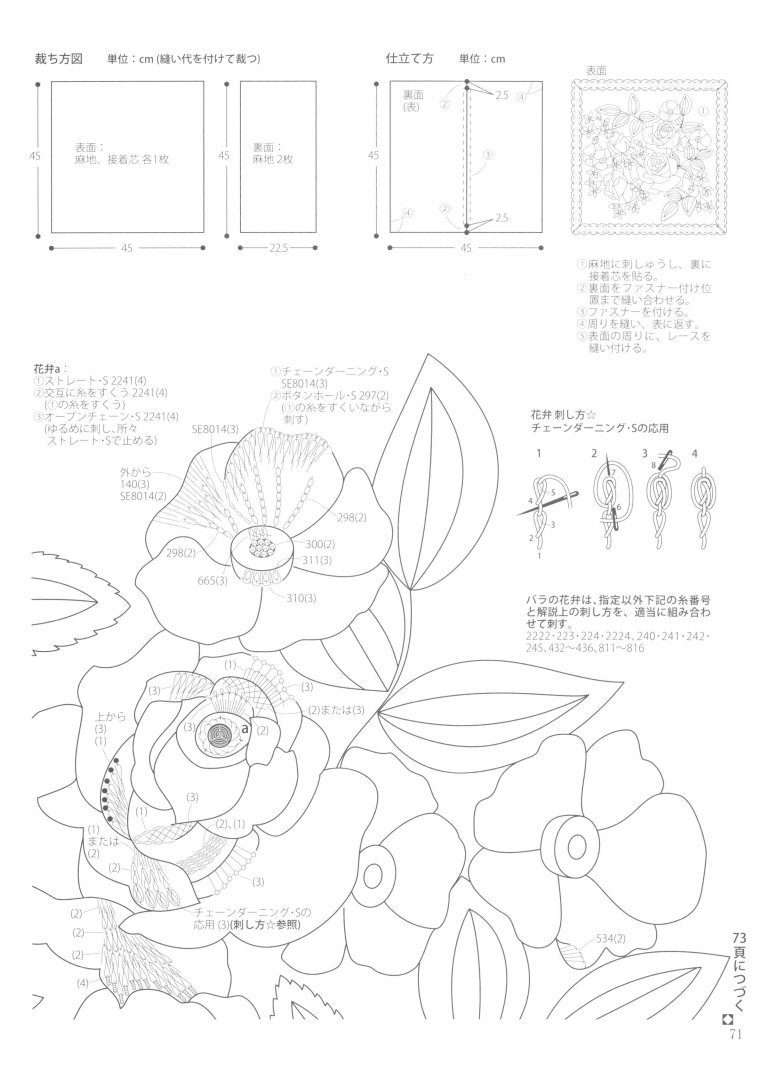

◆ 70頁のつづき

16 クッション
口絵26頁

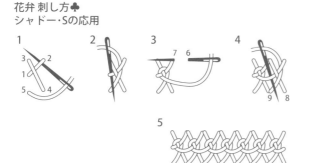

花弁 刺し方♣
シャドー・Sの応用

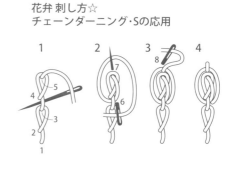

花弁 刺し方☆
チェーンダーニング・Sの応用

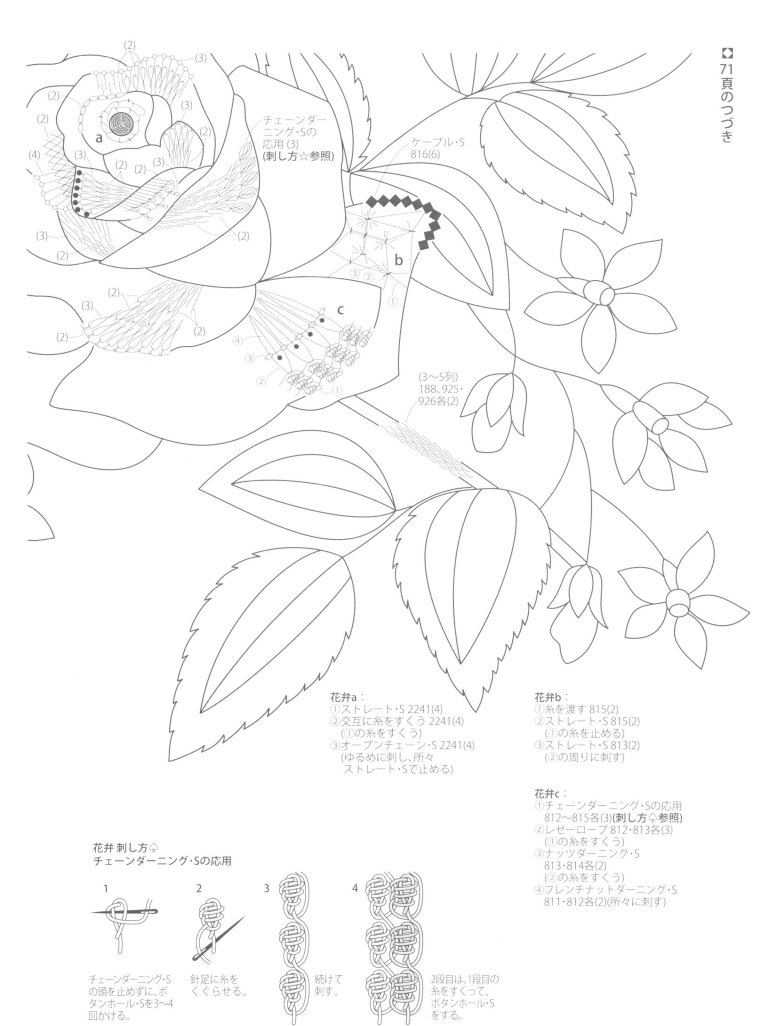

17 スリッパ
口絵28頁

型紙は76頁に掲載

●材料 麻オックスフォード地(グレー)[10cm平方：約86×86目] 90×30cm(一足分)。
コスモ25番刺繍糸 茶130 青紫174 ローズ2221・222・223・2223・224・2224、811～816 あずき色232・233・235 グリーン319、2536、923・924 ブルー2662・663・664・665 金茶704 ブルーグレー731・732 白2500。
コスモシーズンズ刺繍糸(解説中はSEと表記) 8027、8053。
スレッドワークスオーバーダイドフロス(解説中はFと表記) 110、126、140、142、1481、1561、1791。
コスモラメ糸(No.75)(解説中はKと表記) 1。

●底の刺しゅうは、写真参照の上、適当な位置に配置し、刺します。
●加工は専門店に依頼します。布はスリッパの形に切らずにそのまま出します。

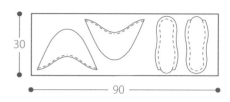

布に図のように型紙を配置し、糸印で線を描く。甲と底の部分に刺しゅうをする。加工に出す際には、布を切らずにこのまま出す。

バラA、バラBは、指定以外下記の糸番号と解説中の刺し方を適当に組み合わせて刺す。
223・2223・224・2224、816、F1561

バラC、バラDは、指定以外下記の糸番号と解説中の刺し方を適当に組み合わせて刺す。
2221・222・232・233・235、811～813、923・924

バラの蕾の花弁は、指定以外下記の糸番号と解説中の刺し方を適当に組み合わせて刺す。
2224、814・815、923、F1561

バラの蕾のがく、茎、葉は、解説中の刺し方を適当に使用し、下記の糸番号で刺す。
F140(1)

底の刺しゅう

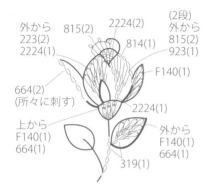

甲の刺しゅう

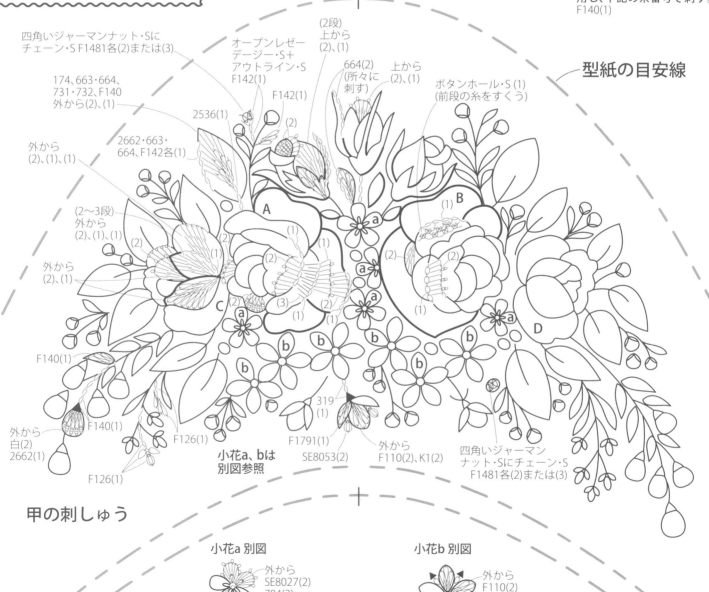

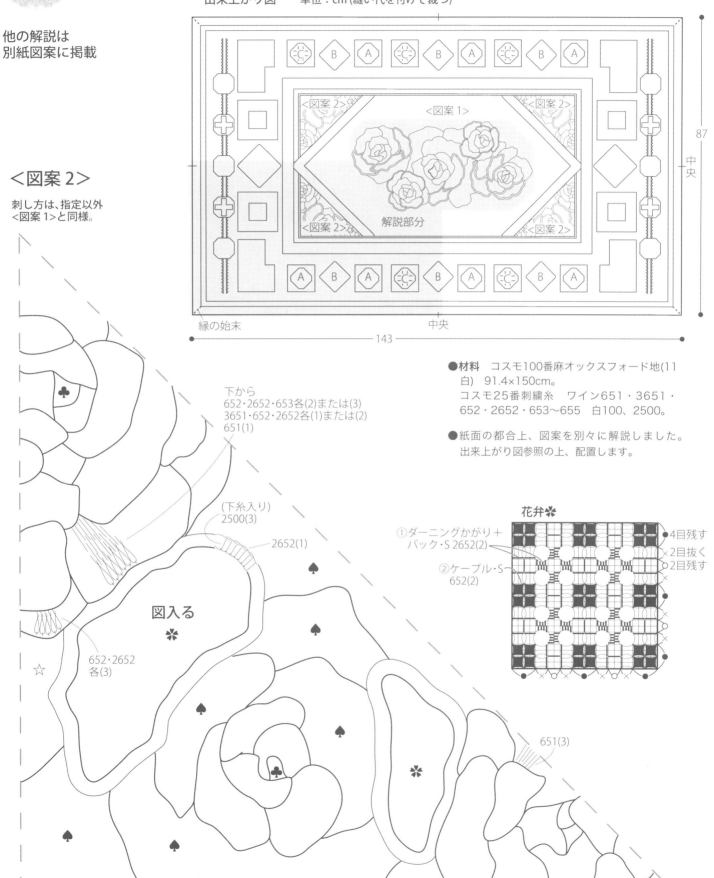

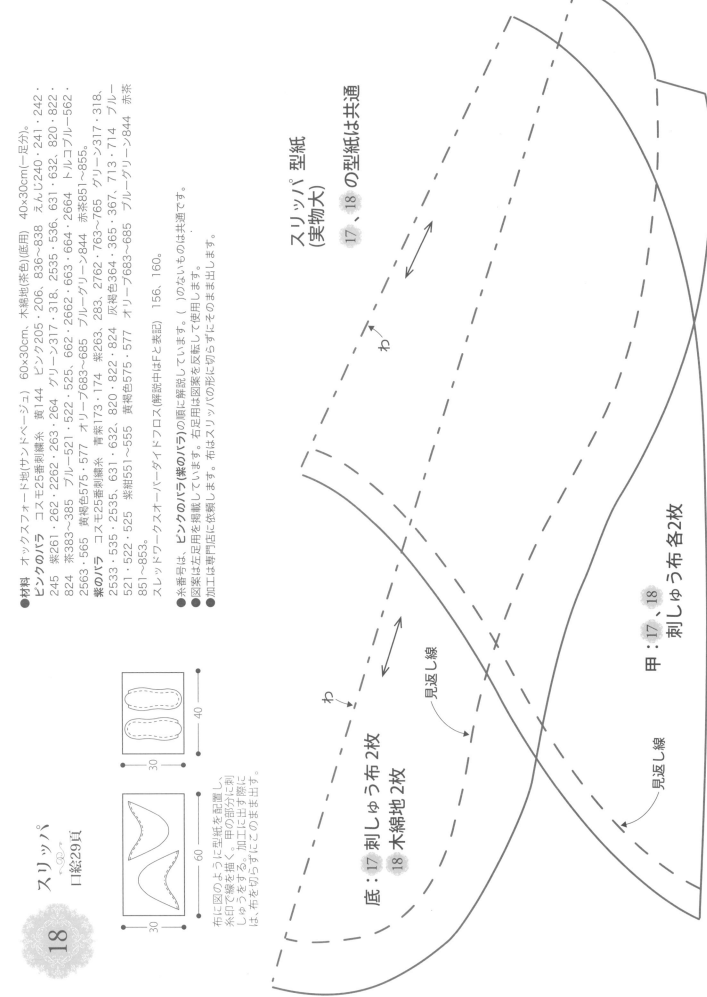

スリッパ
口絵29頁

18

● **材料** オックスフォード地(サンドベージュ) 60×30cm、木綿地(茶色)(底用) 40×30cm(一足分)。
ピンクのバラ コスモ25番刺繍糸 黄144 ピンク205・206、836〜838 えんじ240・241・242・245 紫261・262・2262・263・264 グリーン317・318、2535・536、631・632、820・822・824 茶383〜385 ブルー521・522・525、662・2662・663・664・2664 トルコブルー562・2563・565 黄褐色575・577 オリーブ683〜685 ブルーグリーン844 赤茶851〜855。
紫のバラ コスモ25番刺繍糸 青紫173・174 紫263、283、2762・763〜765 グリーン317・318、2533・535・2535、631・632、820・822・824 灰褐色364・365、367、713・714 ブルー521・522・525 紫紺551〜555 黄褐色575・577 オリーブ683〜685 ブルーグリーン844 赤茶851〜853。
スレッドワークスオーバーダイドフロス(解説中はFと表記) 156、160。

● 糸番号は、ピンクのバラ(紫のバラ)の順に解説しています。( )のないものは共通です。
● 図案は左足用を掲載しています。右足用は図案を反転して使用します。
● 加工は専門店に依頼します。布はスリッパの形に切らずにそのまま出します。

布に図のように型紙を配置し、糸印で線を描く。甲の部分に刺しゅうをする。加工に出す際には、布を切らずにここのまま出す。

底：17 刺しゅう布 2枚
　　18 木綿地 2枚

甲：17、18 刺しゅう布 各2枚

見返し線

わ

スリッパ型紙
(実物大)
17、18 の型紙は共通

15 クッション
口絵25頁

- ●材料　ツヴァイガルト3604ダブリン(101オフホワイト)[10cm平方：約100×100目]　30×30cm、モアレ加工化繊地(アイボリー)　90×50cm、4cm巾綿レース(アイボリー)　110cm、2cm巾トーションレース(アイボリー)　100cm、30cmのファスナー　1本、パンヤ　1個。
  コスモ25番刺繍糸　灰褐色364～369、711・714　オリーブ683～686　紫2762・764～766　グリーン923～925　ベージュ1000　白2500。
  コスモ5番刺繍糸(解説中は5番糸と表記)　灰褐色364　白2500。
- ●紙面の都合上、図案を別々に解説しました。出来上がり図参照の上、配置します。
- ●刺しゅうを始める前に、刺し方の順序を参照して下さい。

<刺しゅう布>

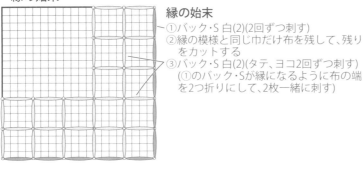

縁の始末
① バック・S 白(2)(2回ずつ刺す)
② 縁の模様と同じ巾だけ布を残して、残りをカットする
③ バック・S 白(2)(タテ、ヨコ2回ずつ刺す)
　①のバック・Sが縁になるように布の端を2つ折りにして、2枚一緒に刺す)

中央の模様

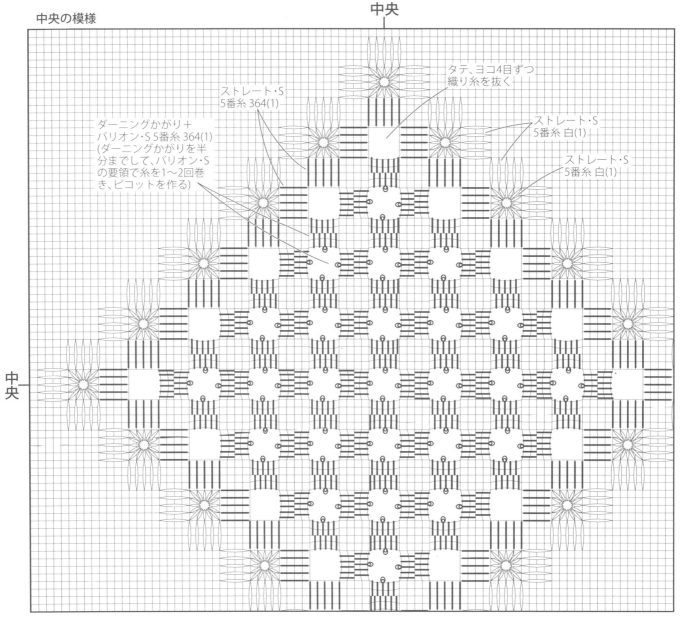

ダーニングかがり＋バリオン・S 5番糸 364(1)
(ダーニングかがりを半分までして、バリオン・Sの要領で糸を1～2回巻き、ピコットを作る)

ストレート・S 5番糸 364(1)

タテ、ヨコ4目ずつ織り糸を抜く

ストレート・S 5番糸 白(1)

ストレート・S 5番糸 白(1)

出来上がり図　単位：cm

本体：モアレ化繊地
刺しゅう布：ツヴァイガルトダブリン

刺し方の順序
1. 本体に麦1〜4の図案を写し、刺しゅうする。
2. 刺しゅう布に図案を写し、刺しゅうをしてから、中央の模様と縁の始末をする。
3. 2の裏にトーションレース、綿レースを重ね縫い合わせ、1の表にバランス良く配置し、縫い付ける。
4. クッションに仕立てる(仕立て方参照)。

仕立て方
1. 刺し方の順序1〜3を参照する。
2. 裏面をファスナー付け位置まで縫い合わせる。
3. ファスナーを付ける。
4. 中表にして周りを1周縫い、表に返す。
5. 表から2周ミシンをかける。この時、表面のレースは縫わないように注意する。

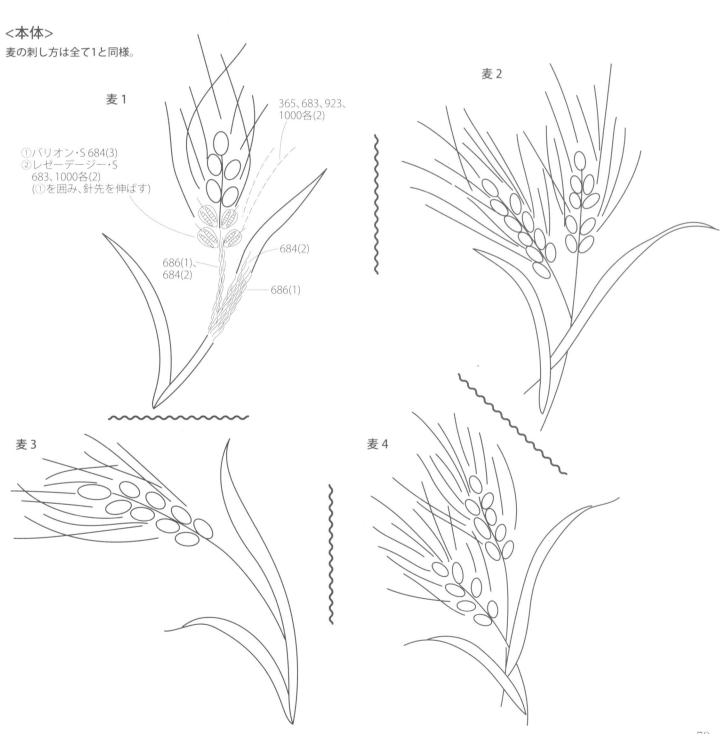

15 クッション

口絵25頁

<刺しゅう布>

バラのがく・茎・葉は、下記の糸番号と解説
上の刺し方を、適当に組み合わせて刺す。
366～369、685、714、764、923～925、白

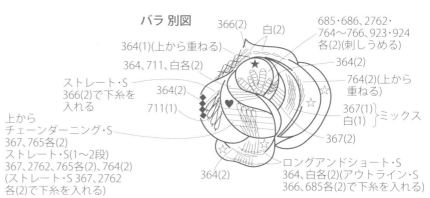

バラ 別図

- 685・686、2762・764～766、923・924 各(2)(刺しうめる)
- 366(2)
- 白(2)
- 364(1)(上から重ねる)
- 364(2)
- 364、711、白各(2)
- 764(2)(上から重ねる)
- ストレート・S 366(2)で下糸を入れる
- 364(2)
- 367(1) 白(1) ミックス
- 上からチェーンダーニング・S 367、765各(2)
- 711(1)
- 367(2)
- ストレート・S(1～2段) 367、2762、765各(2)、764(2)(ストレート・S 367、2762 各(2)で下糸を入れる)
- 364(2)
- ロングアンドショート・S 364、白各(2)(アウトライン・S 366、685各(2)で下糸を入れる)

- ①レイズドアウトライン・S 711(2)
- ②ストレート・S 711(1)(①の上から重ねる)
- 711(2)
- リーフ・S 711(1) (ストレート・S 711(2)で下糸を入れる)
- 711(2)
- レゼーデージー・S 364、白各(3) (2重に刺す)
- 364、白各(2)
- 364、白各(2)
- リーフ・S 364、白各(1) (ストレート・S 364、白各(2)で下糸を入れる)
- 中央の模様 図入る (78頁掲載)
- 外から 364(2)、364(2) (ストレート・S 364(2)で下糸を入れる)
- ①アウトライン・S 925(2)
- ②ストレート・S 925(1) (①の上から重ねる)
- (1)または(2)
- ③ストレート・S (1) (上から重ねる)
- 別図参照
- ③リーフ・S (1) (上から重ねる)
- (1)
- (1)
- (2)
- (1)または(2)
- (1)または(2)
- (1)または(2)
- (2)
- (2)
- ストレート・S (2)
- ③チェーン・S (1)
- ④リーフ・S、ストレート・S (1) (上から重ねる)
- ②チェーンダーニング・S (2) (上から重ねる)
- ①ストレート・S (2)で下糸を入れる
- ③チェーンダーニング・S (2) (上から重ねる)
- ②チェーンダーニング・S (2) (上から重ねる)
- ③ストレート・S (1)
- ②チェーンダーニング・S (2) (上から重ねる)
- ①ストレート・S (2)で下糸を入れる

9 額
口絵17頁

- ●材料　コスモ300番クラッシー地(21ベージュ) 35×40cm[刺しゅう面：15×20cm]。
コスモ25番刺繍糸　ピンク101〜105・1105・2105・108　グリーン116、316・2317・318・319・2319、324、533・2533・534・535・2535・2536、630・631・2631・632〜635、922〜925　黄141、298　赤茶463　オリーブ681・683〜685。
- ●加工は専門店に依頼します。

バラの花弁と葉は、下記の糸番号と解説上の刺し方を、
適当に組み合わせて刺す。
花弁：101・102・103・104・105・1105・2105・108
葉：116、141、298、316・2317・318・319、533・2533・534・535・2535、630・631・2631・632・633、681・683・684、922〜924(単色またはミックスにする)

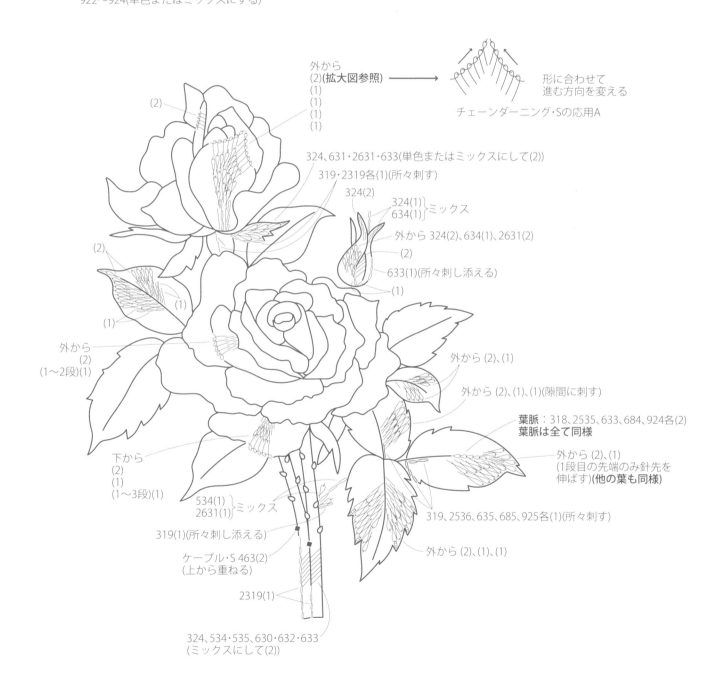

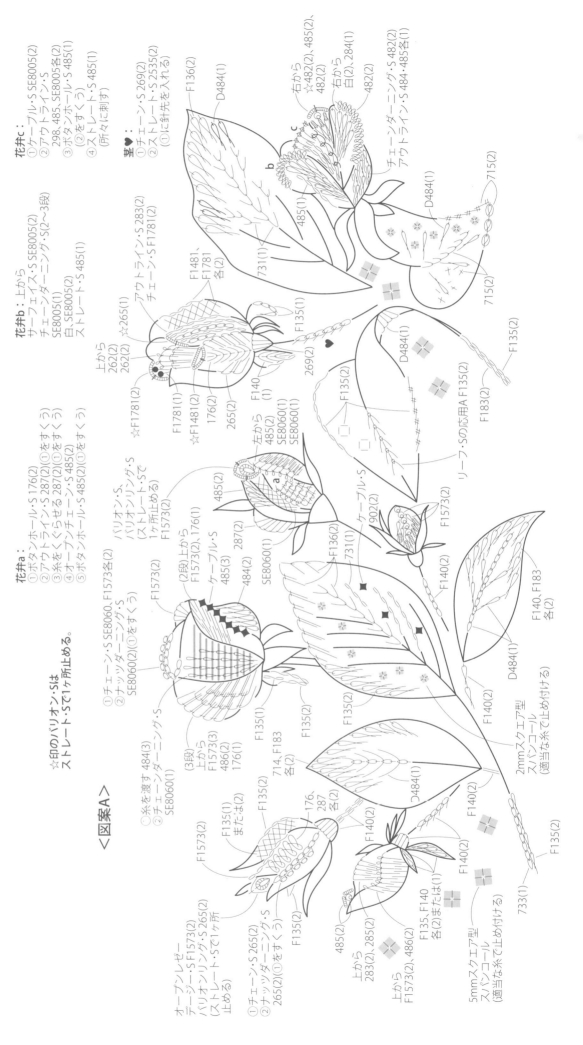

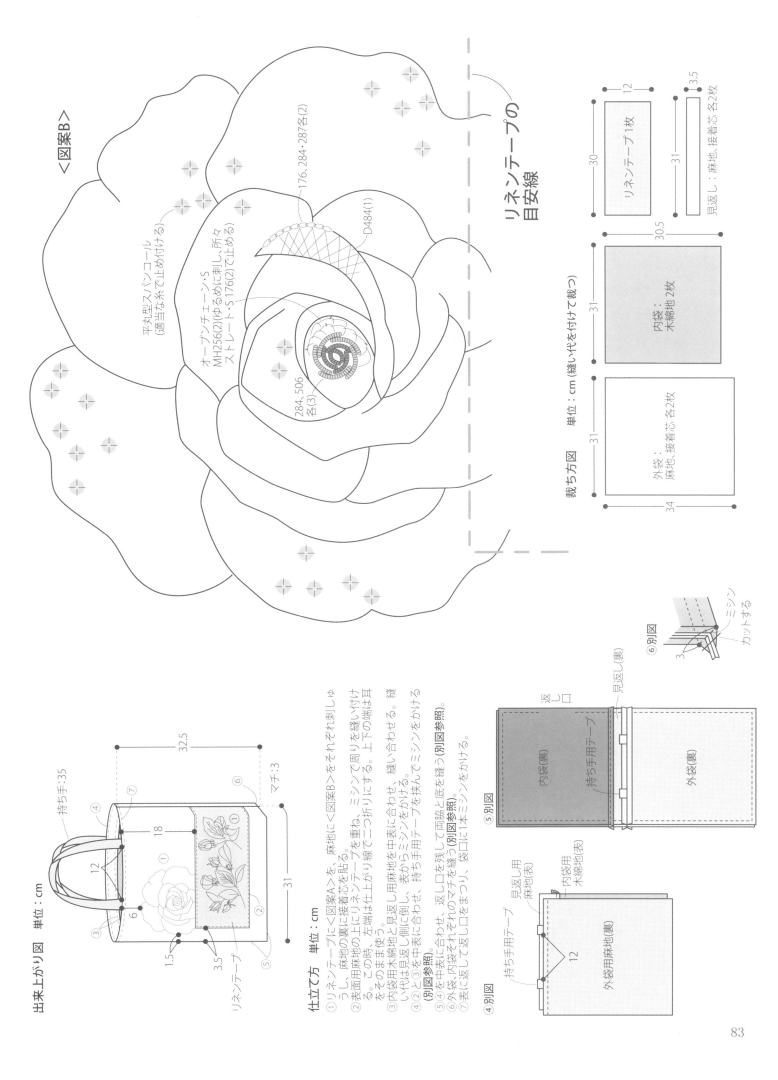

20 パラソル
口絵31頁

●**材料** 市販の手芸用パラソル(ベージュ、8本骨)[使用布：コスモ300番クラッシー地(21ベージュ)]。
コスモ25番刺繍糸　ピンク101〜105・1105・2105・106　グリーン316・317・2317・318　茶424・2424・425　ブルーグレー730〜733　白2500。

●紙面の都合上、図案を別々に解説しました。配置図参照の上、配置します。

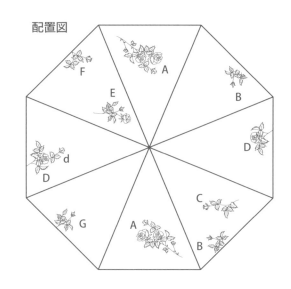

配置図

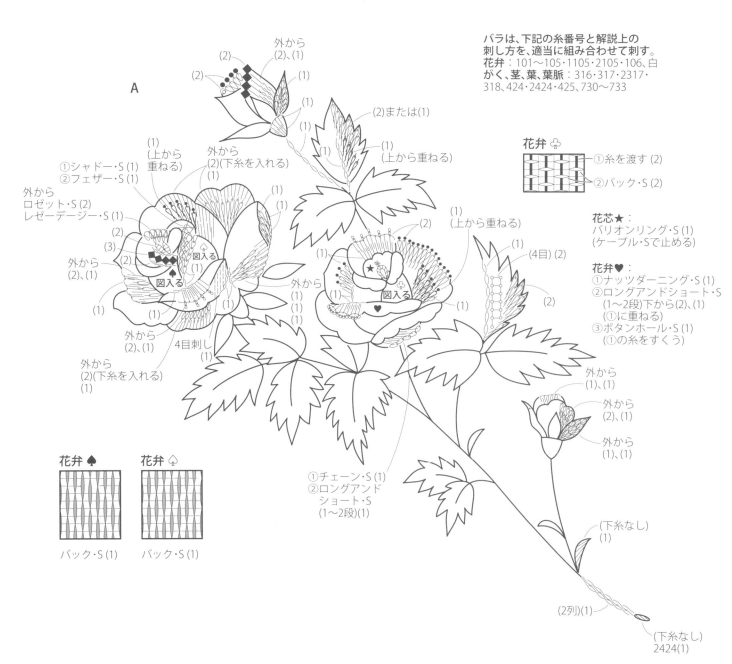

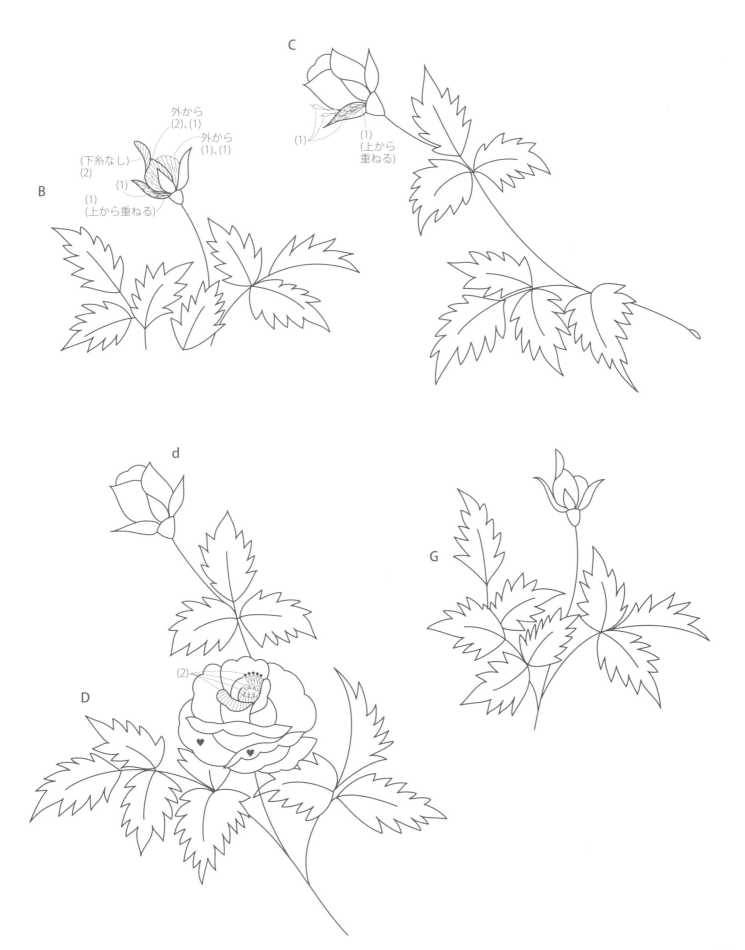

20 パラソル
口絵31頁

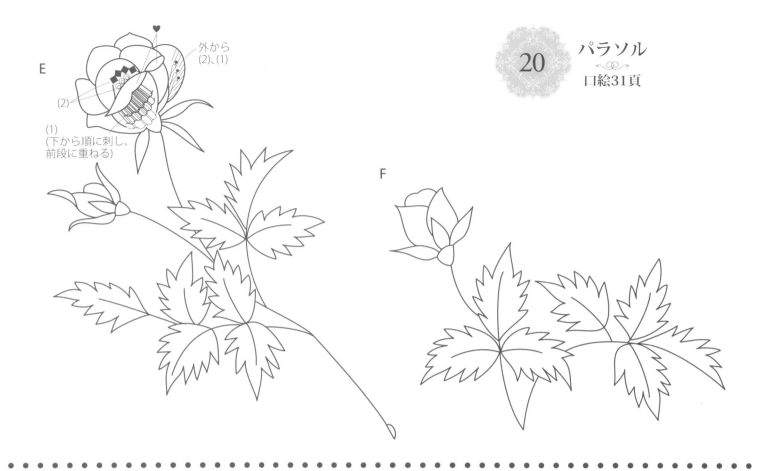

21 バッグ&ポケットティッシュケース
口絵32頁

- **材料** 市販の手芸用バッグ、ポケットティッシュケース(モスグリーン)[使用布：ツヴァイガルト3835ルガナ(779グレージュ)、10cm平方：約100×100目] 各1個。
  コスモ25番刺繍糸　黄140・141・143　グレー151　ローズ220・221・2221・222・2222・223・2223・224・2224、811〜815　グリーン534・535・2535、923。
  スレッドワークスオーバーダイドフロス(解説中はFと表記)　1321、1331、140、142、1541。
  マディラメ糸(Art.No.9842)(解説中はDと表記)　484。
- マディラメ糸は、ポケットティッシュケースにのみ使用します。

<ポケットティッシュケース>

写真参照の上、バッグの刺し方を適当に使用して刺す。

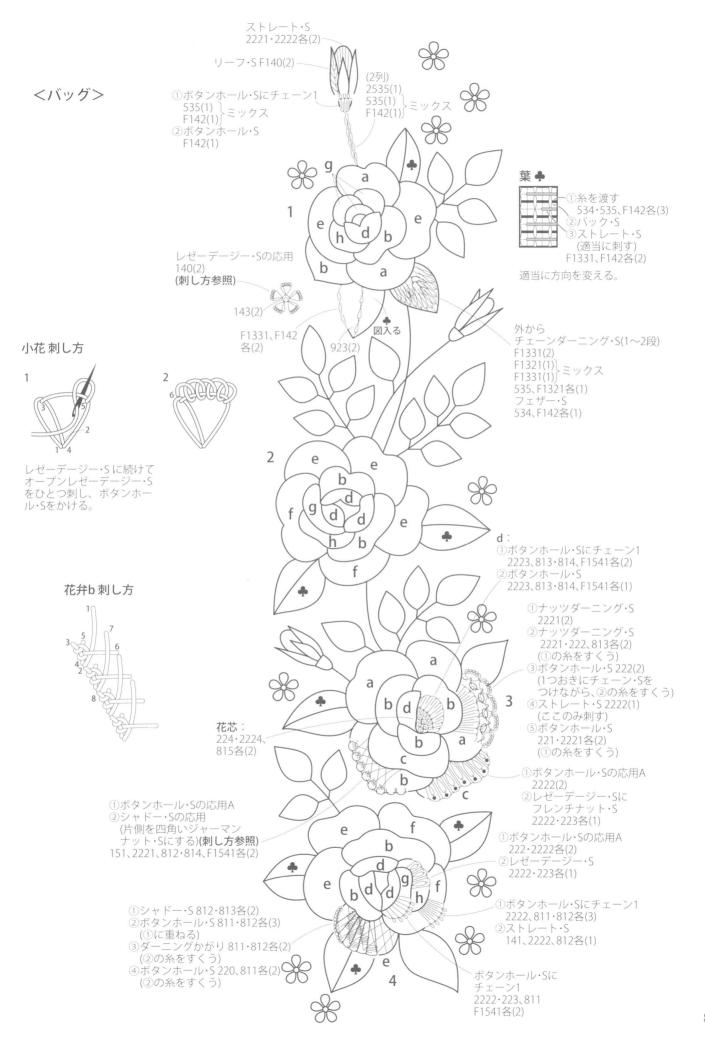

刺しゅうを始める前に

布

刺しゅう用としては、綿や麻のものが刺しやすく、取扱いが簡単ですが、目的に応じて布の種類や素材を選ぶことが必要です。手芸材料店ではオックスフォード地や麻布といった刺しゅう用に織られた布が手に入ります。市販されている無地のハンカチやナプキン、エプロンといった既製品を使えば、手軽に刺しゅうに取りかかれますので、利用するとよいでしょう。ただし、布の素材によっては洗濯で縮む場合もありますので、購入時に取扱い方法を確認して下さい。

糸

一般的に使われる糸としては、25番刺繍糸と、5番刺繍糸、ラメ糸、混ざり糸などがあります。一番よく使われる25番刺繍糸は、6本の細い糸がゆるくよられていて1本になっています。使用するときは、必要な本数に合わせて、細い糸を1本ずつ抜き取って使います。5番刺繍糸やラメ糸は1本のままで必要な長さに応じて切って使いますが、ラメ糸の中にも細い6本がよられている種類のものもあり、その場合はさらに必要な本数に分けて使うこともあります(本書では細いラメ糸の本数で表記しています)。混ざり糸には、糸巻き状、かせ状などメーカーによって様々な種類がありますが、やはり一本ずつ抜き取り、使用本数に合わせて用います。外国製の混ざり糸の中には、洗濯で色落ちする糸もありますので、色止め法や色落ちした際の対処法など、店によく確認の上で購入されることをおすすめします。その他に縁編用としてふちあみ糸があります。レース糸で編むより、ソフトで豪華な仕上がりになります。

刺しゅう用枠

ふつうは円型の枠を使いますが、大きさはいろいろで、8cm、10cm、12cmのものが使いやすいでしょう。ねじ付のものがほとんどで、内側の枠(小)の上に刺しゅう布をのせ、その上から外側の枠(大)をはめて、ねじで締めます。布はピンと張るよりも、適度のゆるみをもたせた方が刺しやすいでしょう。枠は刺しゅうしようとする部分に左手の指が届くような位置にはめるとよいでしょう。左手の指で補助をしながら刺すと、刺しやすくきれいにできます。

針

刺しゅう用の針は穴が細長いところが特徴で、針の長さや太さはいろいろ揃っていますが、ここでは、よく使われる針を選びました。他にも種類がありますから、刺しゅう布の材質や刺しゅう糸の本数に合わせて使い分けて下さい。布目を拾っていく場合は、先の丸いクロス針などを使用すると刺しやすいでしょう。

針と糸との関係

フランス針		クロス針	
6号	1〜2本どり	24号	2〜3本どり
4号	3〜4本どり	20号	6〜10本どり
2号	6〜8本どり	18号	8〜12本どり

図案の写し方

トレーシングペーパーに図案を写し、配置を決めて布に図案をのせます。図案は布目に垂直になるように置きます。布はあらかじめ地直しをして布目を通しておき、布端をしつけ糸で粗くかがっておくなど、布端がほつれてこないように処理しておきます。図案と布の間に刺しゅう用コピーペーパーを挟み、まち針で止めます。図案の上にセロファン紙を置き、上から骨筆などでなぞって図案を写します。写し終わったら、写し忘れがないか確認して、まち針をはずします。

ただし、部分的には図案を布に写さず、直接刺した方が良い場合もあります。小さな花や葉、実などの細かい部分や、輪郭をぼかした方が良い部分などは、茎など目安となる図案だけを写し、解説や写真を参照しながら、適当に刺すほうが良いでしょう。そのまま布に描けるペンシルタイプのものもありますので、作品によって利用してもよいでしょう。

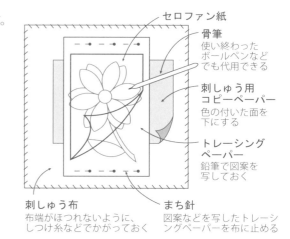

セロファン紙

骨筆
使い終わったボールペンなどでも代用できる

刺しゅう用コピーペーパー
色の付いた面を下にする

トレーシングペーパー
鉛筆で図案を写しておく

刺しゅう布
布端がほつれないように、しつけ糸などでかがっておく

まち針
図案などを写したトレーシングペーパーを布に止める

糸の扱い方

25番刺繍糸は紙帯をはずし、輪に巻いた状態に戻します(①図)。次に輪の中に手を入れ、糸の端と端をつまんで、からまないように輪をほどいていきます(②図)。ほどき終わって半分の長さになった糸を、さらに半分ずつ2回折り、全体を8等分の長さにしたら糸を切ります(③図)。切り終わった糸に糸番号の付いた紙帯を通しておくと、配色や糸を追加する時に便利です。使う時は、面倒でも使用本数に合わせて1本ずつ抜き取り、揃えて用います。その時、糸の中程をつまんで抜くと、からまりにくくてよいでしょう。1本ずつ抜くことによって、糸目が揃い、つやが失われることもなく、出来上がりが美しくなります(④図)。

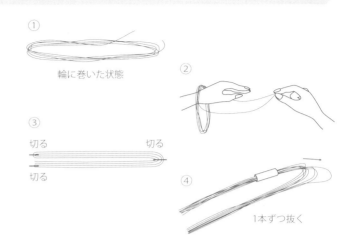

糸を針に通す方法

針を左手に持ち、右手で糸の端を持ちます。糸を針の頭にあてたまま、糸を二つに折ります(①図)。親指と人さし指で糸の二つに折れた部分をしっかり挟み、針を抜いて、糸に折り山を作ります(②図)。そのまま親指と人さし指を少し開いて糸の折り山をのぞかせ、針に糸を通します(③図)。

洗濯

刺しゅう後の作品は、コピーペーパーのあとや、手あかで汚れています。仕立てる前や加工に出す前に、洗濯をします。特にコピーペーパーは、熱を加えると落ちにくくなる場合がありますので、必ずアイロンをかける前に洗濯します。ここでは一般的な洗濯方法を紹介します。まず、刺しゅう糸がほつれてこないよう裏側の糸の始末を確認しましょう。洗濯は一度水につけてから中性洗剤を入れ、やさしく押し洗いをし、その後、水で何度もすすぎます。この時、万一余分な染料が出ても、あわてて水から出さずに、色が出るのが止まるまで充分すすいで洗い流します。脱水はたたんで軽く脱水機にかけるか、タオルで挟んで水分を取り、薄く糊づけします。乾燥は風通しの良い所で日陰干しをし、アイロンは、ステッチがつぶれないように毛布などの柔らかい物を台にして、裏から霧を吹きかけながら高温(摂氏180～210度)であてます。

刺しゅう布以外の布やビーズ、毛糸、リボンなどの違う素材を使った場合は、洗濯方法がこの通りでない場合もありますので、それぞれの取扱い方法に従って洗濯します。

クリーニングに出す時はフッソ系のドライクリーニングが最も安全ですが、いずれにしても以上の注意点を話した上でお出し下さい。

美しく刺すためのアドバイス

- 図案を布に写す時は、図案がゆがんだり、曲がったりしないように、きれいに写しましょう。
- 糸の引き加減はきつすぎず、ゆるすぎず、均一の調子で刺し、ステッチの大きさを揃えましょう。
- 輪郭線の曲がった部分を刺す時は、ステッチの針目を小さめに刺すときれいです。
- 刺しているうちに、針に付けた糸がよじれてくるので、よりを戻しながら刺すとよいでしょう。
- 何度もほどいた糸は、けば立って仕上がりが美しくありません。新しい糸に替えて刺すとよいでしょう。
- 裏側は、糸を長く渡さないようにします。1つ1つ止めるか、または、先に刺したステッチの中を通したり、からめたりして糸を渡すとよいでしょう。

刺し方の基本と応用

ここでは、作品を作る上で頻度の高い基本的なステッチを紹介します。
配列は同じ種類のステッチごとにまとめてあります。なお、解説中のステッチ記号は、各ステッチの右上枠内に示しました。

アウトライン・S

5は2と同じ針穴

● アウトライン・Sの角の刺し方

● レイズドアウトライン・S
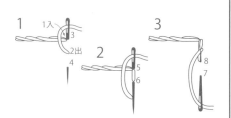
針を少し離して出し、ステッチに巾を出す

● 2回巻きアウトライン・S

2本すくって2回巻く

● ダブルアウトライン・S
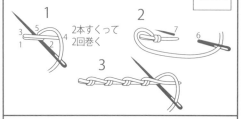
5は2と同じ針穴

応用例　離して刺した場合
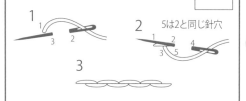

ストレート・S

バック・S

ランニング・S

2-3は1-2と同じ間隔で刺す

ダーニング・S

2-3は1-2より短くする

シーズ・S

短い針目でバック・Sする

フレンチナット・S

針に糸を2回巻く　糸を締める　1のすぐそばに針を入れる

● フレンチナットダーニング・S

針に糸を2回巻く　糸を締める　1から長さを付けて針を入れる

サテン・S
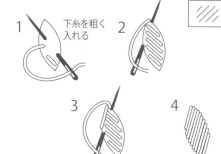
下糸を粗く入れる

ロングアンドショート・S

応用例

チェーン・S
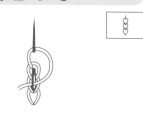

● オープンチェーン・S
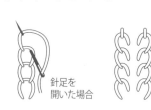
針足を開いた場合　針足をはずした場合

● チェーン・Sの応用A

● チェーン・Sの応用B
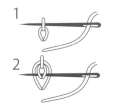

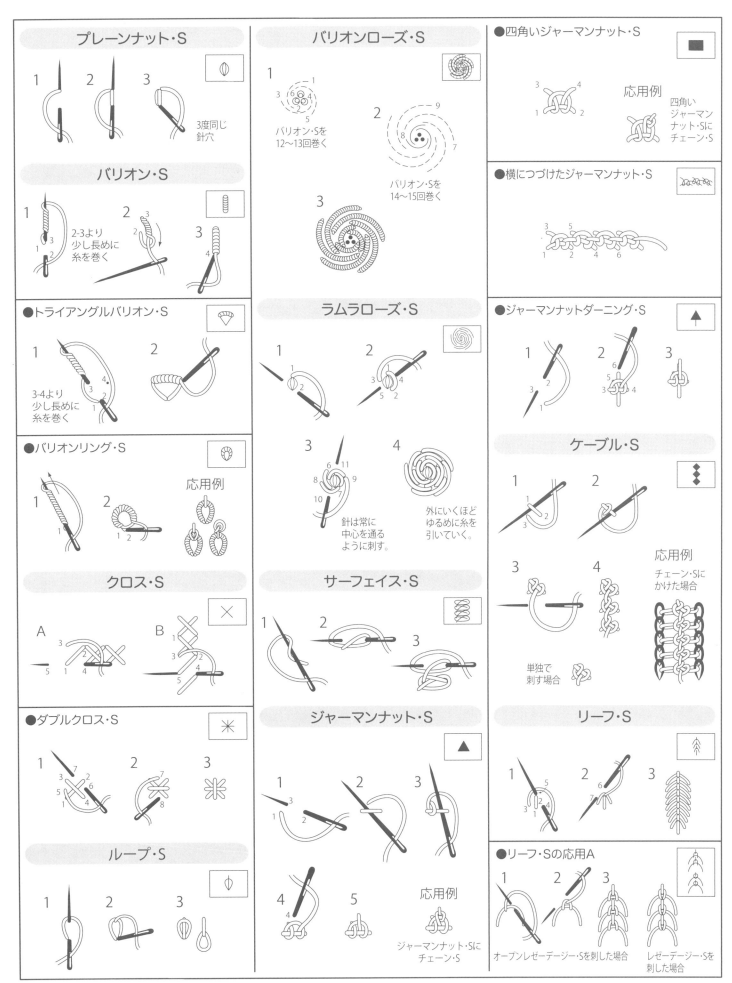

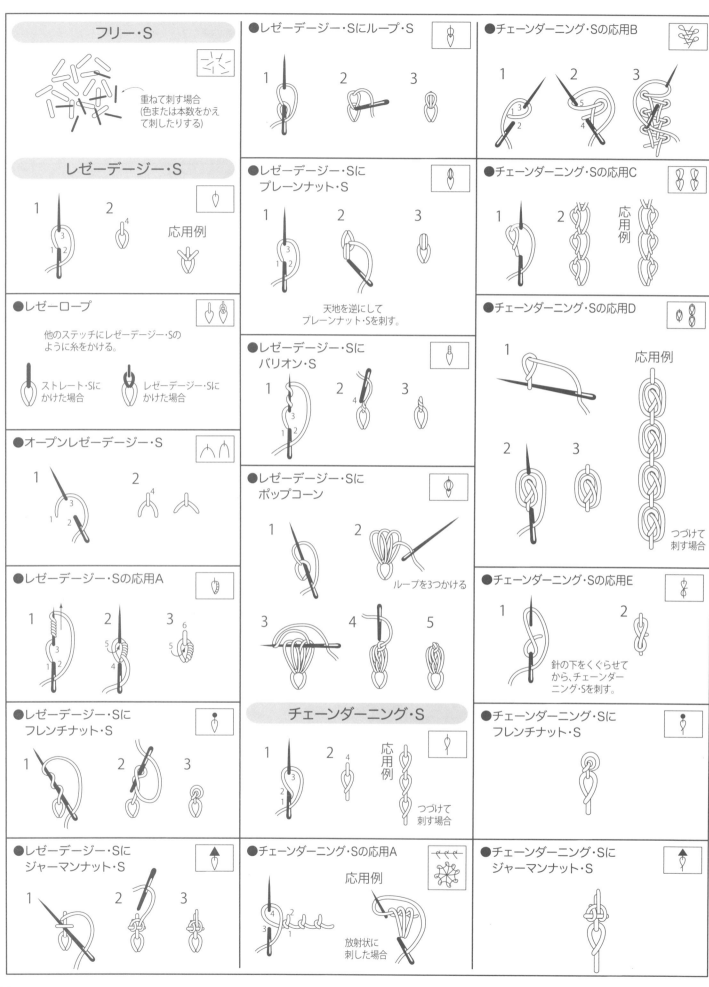

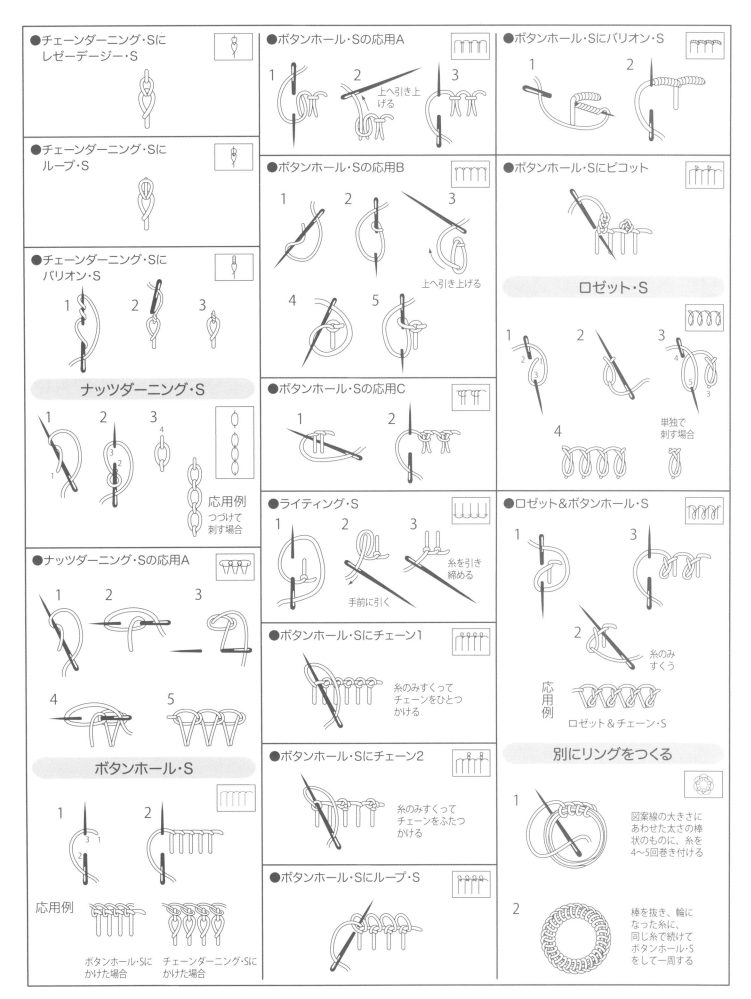

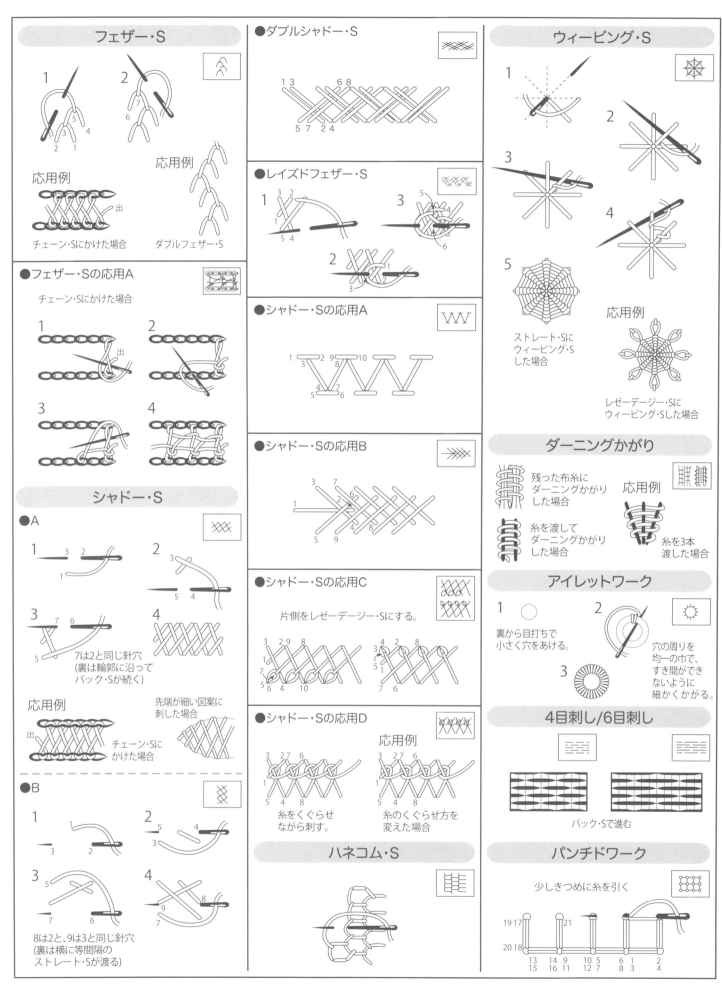

カットワーク　ドロンワーク　ハーダンガーワーク

カットワークは、布を部分的に切り取って、その効果を楽しむ手法です。それには布を切り取るだけのものから、バーを渡すものまで、いろいろな手法があります。
ドロンワークとは、布糸を抜き、残った布糸をいろいろな形にかがり、美しい透かし模様を作り出す手法です。
ドロンワークの中には、**ハーダンガーワーク**があり、布を格子に抜き、幾何学的な模様を作ります。
ここでは、それぞれの基本的な手順を解説します。

●カットワーク

1. 下糸入りボタンホール・Sをする

布を切り取るためにボタンホール・Sで周りをかがりますが、ステッチにボリュームをもたせたり、布を補強するために、バック・S（①図）や、チェーン・S（②図）などで最初に下糸を入れます。
次に下糸の上にボタンホール・Sをします。このときに、糸の間から布が見えないように細かく刺します。この本の作品解説では「ボタンホール・S（下糸入り）」と記していますが、特に指定のない場合には、下糸はボタンホール・Sと同色、同本数で刺します。なお、二つ以上のボタンホール・Sが隣り合う部分は、③④図のように糸をつなぎ合わせておくことが必要です。

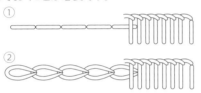

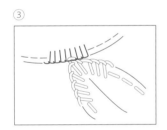
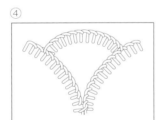

2. 1の下糸入りボタンホール・Sをしながらバーを渡す

バーは布を切り取る部分に渡すことによって、布をしっかりと固定したり、バーを渡すことによって生まれる、透かし模様的な効果を楽しむために入れるものです（本書ではバーワークという名称で解説しています）。

バーは、渡した糸をボタンホール・Sでかがる方法（⑤図）と、数回巻きかがりをする方法（⑥図）がありますが、⑤図の場合は、糸を渡すとき、その糸を少し引き気味に渡しておくと、ボタンホール・Sをかけたときに伸びずにきれいなバーになります。

バーワーク

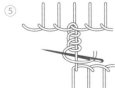
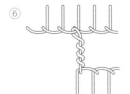

バーの渡し方はいろいろありますが、次に最も多く使われる方法を解説します。この方法は、バーと外周りの糸の色が同色になります。

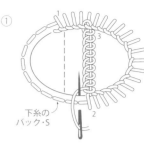

図案の少し外側に、バック・Sまたはチェーン・Sで下糸を入れる。
次に1から2までボタンホール・Sをし、3に糸を渡してボタンホール・Sの頭を図のようにすくい、渡した糸をボタンホール・Sでかがって2にもどる。同じようにもう1本のバーを渡しながら、外周りのボタンホール・Sを続ける。

※2に戻り外周りに移るときの方法は、①図、②図のどちらの方法でもよい。

[応用例]

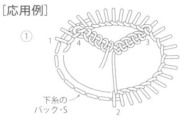
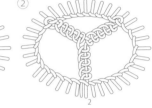

下糸を入れて、1から2までボタンホール・Sをし、3に糸を渡してボタンホール・Sの頭を図のようにすくい、ボタンホール・Sでかがって中心まで戻る。4へも同様にして中心へ戻る。

ボタンホール・Sを続けて2まで戻り、残りの外周りをボタンホール・Sする。

●別に糸をつけてバーを渡す方法

ボタンホール・Sの頭から糸をつけて出し、下糸を渡し、ボタンホール・Sでかがりながら戻る。

※この方法は、バーと外側の糸の色を変えることが出来ます。

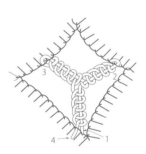

●別に作ったリングをつける方法

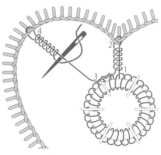

別にリングを作り、糸は切らずにおく。図案の位置にリングを糸で仮止めし、1から続いている糸を2へ渡し、ボタンホール・Sで戻る。目立たないようにリングの糸をすくって3まで進み、同じ手順で4へ糸を渡し、刺し進める。

全てのバーを渡したら、リングの糸をすくって1に戻り、裏で止める。仮止めの糸を外す。

3. 布をカットする

最後に糸を切らないように注意して、ボタンホール・Sの際で布を切り取ります。切り取る部分が小さい場合は、布の中央に切り込みを入れてからカットします。

●ドロンワーク

1. 下糸入りボタンホール・Sをする
カットワークの＜1.下糸入りボタンホール・Sをする＞と同様にする。

2. 布糸を抜く

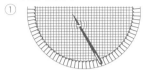
① 抜きとる長さの中程から針の先を使って、布糸を一本持ち上げる。

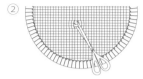
② はさみを入れ、切った布糸をそれぞれ両端まで抜き、あとは指定通りの本数の布糸を抜いていく。この時1目でも違うと模様が違ってくるので、充分注意する。

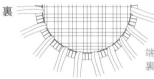
端に集めた布糸を裏に折り返す。

3. 抜いた布糸の始末をする

Ⓐ 布糸を切る
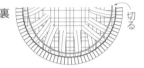
刺繍糸を切らぬように、ボタンホール・Sの際で、余分な布糸を切る。

Ⓑ 布糸を裏に止めてから切る。(Ⓐより丁寧で丈夫な仕上げとなります)
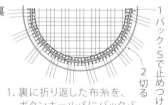
1. 裏に折り返した布糸を、ボタンホール・Sにバック・Sで止めつける。
2. 刺繍糸を切らぬように、余分な布糸を切る。

［参考例］
●布糸を抜いてから周りをボタンホール・Sする方法
(布糸をボタンホール・Sの中に入れてしまうので、より丈夫で丁寧な方法になります)

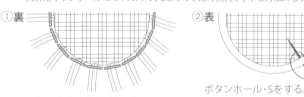
① 裏 最初に布糸を抜き、端に集めた布糸を裏に折り返し、バック・Sで止めつける。
② 表 ボタンホール・Sをする。
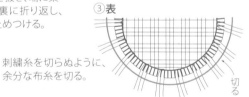
③ 表 刺繍糸を切らぬように、余分な布糸を切る。

4. 残った布糸を指定通りにかがる

●ハーダンガーワーク

［刺す前の準備］
刺す前に布目を数えやすくし、間違いをなくすために、刺しゅう布に糸印を入れておくことをおすすめします。特に大きな作品ほど入れておくと便利です。布の中心をとり、そこからしつけ糸で十字に布目に沿って糸印を付けます。糸印は4目抜く作品は4目おきに布目を拾っておくと、より目数が読み取りやすくなります。また、作品に応じて、要所要所に同じように糸印を入れるとよいでしょう。

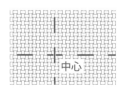
中心

---

1. 周りのストレート・Sをする

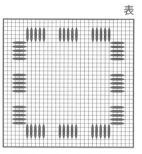
表
周りをストレート・Sする。

2. 布糸を抜く
ドロンワークの＜2.布糸を抜く＞と同様にする。

裏
端に集めた布糸を裏に折り返した図。周りのストレート・Sは省略。

3. 抜いた布糸の始末をする

Ⓐ 布糸を切る
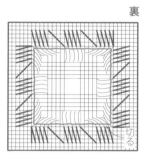
裏
刺繍糸を切らぬように、ストレート・Sの際で余分な布糸を切る。

Ⓑ 布糸を裏に止めてから切る。(Ⓐより丁寧で丈夫な仕上げとなります)
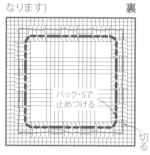
裏
裏に折り返した布糸を、ストレート・Sに、バック・Sで止めつけた図。周りのストレート・Sは省略。

4. 残った布糸を指定通りにかがる

ヘム・S

縁のかがり方の代表的なものです。

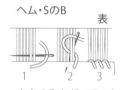

ヘム・SのA
三つ折りにした布端の縁を止めながら、布糸をかがっていく。

ヘム・SのB
布糸のみかがっていく。

額縁仕立て

角の仕立て方の代表的なものです。

ここでは、額縁仕立てに多く使われている方法を載せました。作品の中には、布糸を抜かず、まつりつける方法などもありますが、このような場合には、作品の解説に準じて下さい。

＊印 拡大図
一目分あけて縫うと、角がきれいに仕上がる。

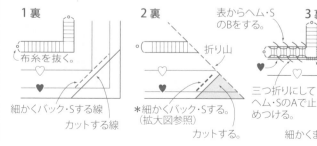

1 裏 布糸を抜く。 細かくバック・Sする線 カットする線

2 裏 折り山 ＊細かくバック・Sする。(拡大図参照) カットする。

3 裏 表からヘム・SのBをする。 三つ折りにしてヘム・SのAで止めつける。 細かくまつる。

···アンティーク・テーブルスタンド···

本書19頁に掲載の作品です。

〒589-0023　大阪府大阪狭山市大野台5丁目19-8
TEL 072-366-5730
ご注文専用FAX 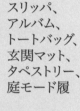 0120-78-2606
名は フルール
Fleur フルール

有限会社 共和産業

〜手芸上手に
　誇る仕立て〜

スリッパ、
アルバム、
トートバッグ、
玄関マット、
タペストリー、
庭モード履

本書28、29頁に掲載の作品です。

〒544-0024　大阪市生野区生野西1丁目17-1
TEL：06-6741-6894　　FAX：06-6716-1372

✽自費出版サービスのお知らせ✽

啓佑社では、個人、またはグループのオリジナル作品集等の自費出版を承っています。永年の手芸書作りのノウハウを活かし、作品の映える撮影、編集をさせて頂きます。
また、展示会用 DM、ポストカード、ポスター、図録、クリアファイル　オリジナルノート等の制作も承っておりますので、お気軽にお問い合わせ下さい。

思いを込めて作った
作品の数々を本に
まとめてみませんか？

●詳しくは、啓佑社ホームページをご覧いただくか、
　電話にてお問い合わせ下さい。

ホームページ http://www.keiyu-sha.co.jp/　　TEL：03-3260-1859

作る楽しみ　装う楽しみ
地刺しのバッグ ２
戸塚貞子 著

大好評発売中

好評シリーズ第2弾です！
地刺しの魅力を生かしたシンプルでお洒落な手作りバッグを多数ご紹介しています。
「地刺し」の素朴な温もりが伝わる、世界でたった一つのオリジナルバッグで、作る楽しみ、装う楽しみを味わって下さい。

- ● AB判(257×210mm)
- ● 96頁(カラー32頁)
- ● 作品点数：38点
- ● 全点図案・解説付き
- ● 定価：本体2,300円＋税
- ● ISBN978-4-7672-0639-4
- ● JAN4560363341296

刺しゅうチャレンジBOOK
入園・入学のこどもたちのための かんたんクロス・ステッチ 7

2015年1月20日発刊予定

初心者にもおすすめの、かんたんクロス・ステッチシリーズ第7弾です。
どうぶつ、昆虫、乗り物、お花やフルーツなど、こどもたちが大好きな、かわいい図案を集めました。入園、入学準備に是非おすすめしたい1冊です。

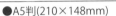
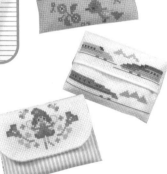

- ●A5判(210×148mm)
- ●34頁(オールカラー)
- ●全点図案・解説付き
- ●定価:本体580円+税
- ●ISBN978-4-7672-5008-3
- ●JAN4560363341302

シーズンブック (仮題)

2015年2月10日発刊予定

戸塚貞子 著

四季のいろいろなシーンを刺しゅうで描きます。季節を感じるミニ額を中心に、フリーステッチとクロスステッチで楽しめる素敵な作品が満載です。ワンポイントで使えるかわいい図案やアレンジが楽しめるオリジナル図案も巻末に掲載します。

- ●AB判(257×210mm)
- ●80頁(カラー24頁)
- ●作品点数:37点
  （全点図案・解説付き）
- ●図案点数:約30点
- ●定価:未定
- ●ISBN978-4-7672-0640-0
- ●JAN4560363341371

※体裁等、変更になる場合がございます。

戸塚刺しゅうカレンダー図案集 (仮題)

2015年3月10日発刊予定

毎年好評の戸塚刺しゅうカレンダーの図案を写真と共に図案集としてまとめます。ご期待下さい。

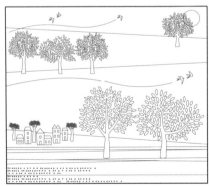
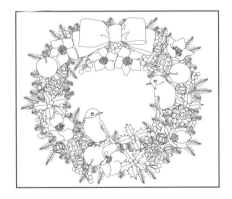

- ●A4変型判(285×210mm)
- ●96頁(カラー32頁)
- ●図案点数:54点
- ●定価:未定
- ●ISBN978-4-7672-7019-7
- ●JAN4560363341384

※体裁等、変更になる場合がございます。

お求めは全国の書店、手芸材料店または弊社へお問い合わせください